中小学音乐教育与教学研究

安 琪 刘艳霞 著

延吉·延边大学出版社

图书在版编目（CIP）数据

中小学音乐教育与教学研究 / 安琪, 刘艳霞著. --
延吉 : 延边大学出版社, 2023.6
ISBN 978-7-230-05141-5

Ⅰ. ①中… Ⅱ. ①安… ②刘… Ⅲ. ①音乐课－教学研究－中小学 Ⅳ. ①G633.951.2

中国国家版本馆 CIP 数据核字(2023)第 114123 号

中小学音乐教育与教学研究

著　　者：安　琪　刘艳霞
责任编辑：李　玲
封面设计：文合文化
出版发行：延边大学出版社
地　　址：吉林省延吉市公园路977号　邮　编：133002
网　　址：http://www.ydcbs.com　E-mail：ydcbs@ydcbs.com
电　　话：0433-2732435　传　真：0433-2732434
印　　刷：延边延大兴业数码印务有限责任公司
开　　本：787毫米×1092毫米　1/16
印　　张：11.75
字　　数：210千字
版　　次：2023年6月第1版
印　　次：2023年9月第1次印刷
书　　号：ISBN 978-7-230-05141-5

定　　价：39.80 元

前　言

音乐是人类的另一种语言，是人们心与心之间的对话。音乐教育是审美教育不可忽视的重要工具，可以提高学生的整体素质，培养学生的审美观、价值观，陶冶学生的情操。当前，政府和学校对音乐教育的重视还有待提高，仍需加大对音乐教育的关注。教师在音乐教授的过程中也需要全面提高自身的专业素质，要不断优化课堂整体设计，迎合学生的审美需要，使学生获得满足感。

随着时代的发展和社会的进步，人们逐渐认识到培养学生全面发展、提升学生综合素质的重要性。随着新课改的进行，音乐教育也受到了更多的重视，然而现阶段还不能够满足当前人们对音乐教育的需求，愈来愈多的学校正在加强对音乐课程的调整和完善，音乐教育的教学方法也在不断完善。

音乐教育是现代教育不可忽视的重要组成部分，对培养学生的思想感情和个人素质具有不可替代的作用。中小学音乐教育是音乐教育的基础，是实施美育的重要途径之一。通过音乐教育，可以培养学生的审美能力、创新思维能力和社会交往能力。中小学音乐教育和教学，有助于培养学生健康的心理，释放学生的青春活力，开拓学生的艺术视野，促进学生的全面发展。本书通过对中小学音乐教育现状进行分析，介绍了中小学开展音乐教学的意义、途径和策略等方面，希望本书能够对相关领域的研究学者有所帮助。

本书在撰写过程中，参考、借鉴了大量著作与部分学者的理论研究成果，在此一一表示感谢。由于作者精力有限，加之行文仓促，书中难免存在疏漏与不足之处，望各位专家学者与广大读者批评指正，以使本书更加完善。

目　录

第一章 中小学音乐教育概述

第一节 音乐教育的历史沿革

我国学校音乐教育的产生始于 19 世纪末，是借鉴近代西方学校教育的产物。在近代的发展史中，其先后经历了学堂乐歌和抗日歌咏活动的洗礼，为我国当代学校音乐教育的发展奠定了一个坚实的基础。中华人民共和国成立以后，我国学校音乐教育呈现出前所未有的发展态势，取得了显著的成绩。改革开放以来，我国学校音乐教育焕发出勃勃生机，特别是 20 世纪末的两次重大教育改革，即《全国艺术教育总体规划》和《基础教育课程改革纲要》，为我国深化教育改革，全面推进素质教育，培养 21 世纪的新型人才，带来了思想观念和行为实践上的变化，也为我国学校音乐教育的发展带来了全新的理念。

一、清末时期的学校音乐教育

我国近代学校音乐教育的兴起与 19 世纪西方帝国主义列强对我国的侵略直接相关。西方帝国主义的侵略激起了我国人民的义愤和反抗，在帝国主义坚船利炮的背后，西方文化也随之进入了我国。在这种带有强权和被迫接受下的中西文化的剧烈撞击之下，唤醒了国人对传统文化的批判意识，抵御外侮、大力变革、力图自强的思想成为当时知识分子的普遍认识，提出了“救亡图存”的口号。废除科举，兴办学校，学习西方的科学文化，成为当时不可阻挡的社会潮流，于是新式学堂纷纷建立。1862 年 8 月建立的京师同文馆是近代新式学校的萌芽，但至 19 世纪末为止的早期新式学堂，都没有设置作为必修课的音乐教育课程。1901 年由上海地方政府创办的上海南洋公学附属小学，在课程中设置了音乐课，这是现在已知的我国最早正式设置音乐课的学校，我国近现代官办及民办学校的音乐教育的历史便由此开始。与此同时，有识之士开始宣传音乐教育的重要意义。梁启超在《饮冰室诗话》中指出，“欲改造国民之品质，则诗歌音乐为精神教育的之一要件”“今日不从事教育则已，苟从事教育，则唱歌一科，实为学校中万不可缺者”。这一时期，诸多爱国知识分子为寻求救国之路，远渡重洋，学习西方的科学和文化，如沈心工、李叔同等为寻求救国之路，东渡日本，研习音乐，并将日本明治维新时期的学校音乐教育经验带回国，推动了近代中国学堂乐歌活动的兴起和发展。中国新式学堂的建立主要仿效日本。1902 年 8 月 15 日，清政府颁布了我国近代第一个规定学制系统的文件，这就是由管学大臣张百熙“上溯古制，参考列邦”而主持拟定的《钦定学堂章程》。音乐课正式列入学堂章程是在 1907 年，清政府学部颁布了《奏定女子师范学堂章程》和《奏定女子小学堂章程》，将音乐列为学校的必修科目，初等小学设“唱歌”课，未定课时；师范学堂将音乐课设为正式课程，教学时数每周 1—2 课时。1909 年 5 月学部颁布《奏请变通初等小学堂章程》中规定“附入乐歌一科”。同年颁布的《学部奏变通中学堂课程分为文科实科折》中规定：“乐歌乃古人弦诵之遗，各国皆有此科，应列为随意科目。”至此，音乐课作为学校教育中的一门正式课程的地位才被确立。“学堂乐歌”正是人们对这些新式学堂中所设音乐课程的总称。

初期的学堂乐歌，主要采用欧洲、日本的旧曲填入新词的方法，向学生传播音乐知识，对学生进行富国强兵、反帝、反封建的爱国主义思想教育。我国近代著名画家和音乐家丰子恺，曾在《艺术趣味》一书中回忆了当时学校教唱《勉学》这首歌的情形，“我们学唱歌，正在清朝末年，四方多难，人心乱动的时候，先生费了半小时来和我们讲解歌词的意义。慷慨激昂地说，中国政治何等腐败，人民何等愚弱，你们倘不再努力用功，不久一定要同黑奴红种一样（歌词的第一句‘黑奴红种相继尽，惟我黄人鼾未醒’）。先生讲时声色俱厉，眼睛里几乎掉下泪来。我听了十分感动，方知道自己何等不幸，生在这样危殆的祖国里。唱到‘东亚大陆将沉没’一句，惊心跳胆，觉得脚底下这块土地果真要沉下去似的”。可见，当时学堂乐歌对学生的思想所产生的巨大影响作用。

二、民国时期的学校音乐教育

1911 年 10 月 10 日武昌起义，推翻清朝的封建统治。1912 年 1 月 1 日，孙中山就任中华民国临时大总统，在南京建立临时政府。孙中山委任蔡元培为临时政府教育部的首任教育总长。1912 年 11 月教育部公布《小学校教则及课程表》中规定："唱歌要旨，在使儿童唱平易歌曲，以涵养美感，陶冶德性。初等小学校宜授平宜之单音唱歌。高等小学校宜依前项教授，渐增其程度，并得酌授简易之复音唱歌。歌词乐谱宜平易雅正，使儿童心情活泼优美。"1912 年 12 月教育部公布《中学校令施行规则》中规定："乐歌要旨在使谙习唱歌及音乐大要，以涵养德性及美感。乐歌先授单音，次授复音及乐器用法。"并将唱歌课列为必修科目，从而结束了以往音乐一科处于"随意科"地位的历史，为学堂乐歌的发展注入了新的活力。据不完全统计，从 20 世纪初至五四运动开始，在不到 20 年的时间里，总共出版了约 40 余种中小学音乐教科书，内容包括乐歌、乐理、风琴演奏、口琴演奏等，收录学堂乐歌 1300 余首。在蔡元培等人的积极倡导下，美育在学校教育中得到了前所未有的重视。这一时期，在我国创始了高等音乐师范教育和专业音乐教育，即北京师范大学和上海国立音乐院（后改名为上海国立音乐专科学校），为我国音乐教育培养了一批优秀的教师。例如，萧友梅、沈心工、曾志忞、赵元任、黄自、陈啸空等人所创作的音乐作品，绝大多数是为中小学生演唱而创作的。特别是黎锦辉的儿童歌舞剧和歌舞表演，不仅在中小学中极为盛行，而且在社会上也风行一时，影响颇深。1923 年，全国教育联合会拟定中小学《课程设置纲要》，将乐歌课改为音乐课，并规定在小学和初中开设。30 年代以后，民国政府教育部对音乐课又进行了多次调整，1932 年 10 月发布《小学音乐课程标准》，1932 年 11 月发布《高级中学音乐课程标准》和《初级中学音乐课程标准》，这是我国历史上第一次由国家颁布的中小学音乐课程标准。

1937 年 7 月 7 日，抗日战争全面爆发，民族矛盾上升为主要矛盾。在音乐教育方面，以教唱、传唱抗日救亡歌曲为主。一大批音乐家投身于抗日救亡歌曲的创作之中，聂耳、冼星海、任光、麦新、吕骥等创作了大量的抗日救亡歌曲。广大的中小学音乐教师通过音乐课向学生传授了大量优秀的抗日救亡歌曲。此时，中小学音乐教材中抗日救亡、爱国民主题材的歌曲日益增多，鼓舞斗志和激动人心的抗战歌曲，从中小学课堂传向整个社会，为全民族的抗战起到了有力的推动作用。根据地为了配合政治形势的需要，在毛泽东、周恩来等同志的倡议下，于 1938 年组建起一所综合性艺术院校——延安鲁迅艺术学院，次年成立音乐系，吕骥、冼星海先后任系主任。其教育方针是：研究进步的音乐理论与技术，培养抗战的音乐干部，研究中国音乐遗产，推动抗战音乐的发展，组织、领导边区的音乐工作。该系设置了多种演出、研究、创作机构，编印出版了音乐刊物，发表了许多有价值的理论文章，创作了大量的革命歌曲及合唱、歌剧等作品，为我国培养了众多革命音乐家和音乐工作者。此后，在敌后抗日根据地和解放区又陆续建立了一些类似的音乐教育机构。这一时期，国民政府对原有的音乐教育机构进行了一定的调整、充实与合并。

三、新中国时期的学校音乐教育

中华人民共和国成立以后，学校音乐教育继承和发展了学堂乐歌的传统，继承了抗日战争和解放战争群众革命歌咏活动的传统，大唱革命歌曲的活动在各级各类学校教育中受到普遍重视。中华人民共和国成立以来，学校音乐教育大体可分为三个时期：

1949 年至 1966 年为第一个时期。这个时期，是我国社会政治、经济、文化、教育各方面发生巨大转变和迅速发展的时期。随着对旧教育体制的改造，新教育体制的建立，政府颁布了一系列教育行政法规，从而确立了美育和音乐教育在全面发展教育中的地位，迅速使全国的学校音乐教育步入正轨。1952 年全国 15 所高等师范院校设立了音乐系（科），1956 年我国第一所艺术师范学院在北京成立。相继一些省、市和地区也成立了艺术师范学院或中等师范学校音乐班。同时，综合性大学和高等师范院校的音乐（艺术）系（科）也有所增加，在 1966 年以前，先后创建 9 所高等音乐学院，全国各大行政区至少有一所专科的音乐专门学校。上述学校培养出了大批音乐师资，在国民音乐教育工作中发挥了极其重要的作用。

中华人民共和国成立初期，由于中国缺乏建设社会主义的经验，并面临帝国主义的包围和封锁，只有苏联社会主义建设的经验可以借鉴。所以，中华人民共和国成立初期音乐教育发展的一个重要因素是：全面学习和参照苏联的音乐教育体系、教学思想和教学方法。各级各类学校都学习苏联的教育理论和教育经验，有组织地翻译苏联的各种教学计划、教学大纲、教材和各种教育文献资料，聘请苏联专家，派出留学生到苏联及东欧国家学习。应该看到，这一时期，苏联的音乐教育理论和教学方法，对我国学校音乐教育产生过重要影响。这一时期学校音乐教育发展还有一个特点是：音乐教育作为学校整体教育的一个有机组成部分，与当时的政治、经济、社会发展变化紧密相关。另一方面，中小学音乐教育也随着国家的政治、经济形势的变化而受到较为明显的影响。至50年代后期，美育和音乐教育受到一定程度的忽视，音乐课时被大大削减。

纵观这一时期的学校音乐教育，从整体上而言，在全面发展教育方针和有关政策法规的指导下，音乐教育沿着正确、健康方向迅速发展，取得了历史上前所未有的成就，为以后的音乐教育事业的发展奠定了基础。

1966年至1977年为第二个时期。这一时期的学校音乐教育状况是：一方面美育和音乐教育的价值被否定，正常的学校音乐教学活动几乎处于被取消的状态；另一方面，社会音乐活动向着极端政治化、运动化、畸形化的方向发展，从根本上违背了美育与音乐教育的宗旨和规律。其典型的形态样式有“样板戏”，推广“样板戏”在客观上起到了宣传音乐民族化的作用。特别是将民族乐器——京剧传统的“三大件”与西洋管弦乐队相结合的创作手法，为民族音乐的发展和创新带来了可借鉴的积极意义。

1978年至今为第三个时期。1978年党的十一届三中全会提出了解放思想、实事求是思想路线，美育问题重新摆在了学校教育健康发展的重要位置，政府有关部门注意到中小学艺术教育是美育的重要途径，并有着不可替代的重要作用。1979年以来，从中央到地方的教育行政主管部门，先后多次召开专门会议，研究有关艺术教育问题。1986年3月第六届全国人民代表大会第四次会议通过的《关于第七个五年计划的报告》中明确地把美育和智育、体育一起列入国家的教育方针，从而重新确定了音乐教育在学校教育中的地位。

这一时期学校音乐教育的发展，主要体现在以下三个方面：首先，为了加强对艺术教育工作的领导，1986年中华人民共和国国家教育委员会（今“中华人民共和国教育部”）设立了直属艺术教育处。1989年中华人民共和国国家教育委员会机构调整后，设立了社会科学研究与艺术教育司，统一管理全国各级各类学校的艺术教育。自80年代以来，先后成立了中华人民共和国国家教育委员会艺术教育委员会、中国音乐家协会音乐教育委员会、中国教育学会音乐教育研究会、中国音乐家协会音乐教育学学会等音乐教育理论与实践的研究机构。上述组织管理机构的成立和专业学会的创办，为贯彻国家关于学校音乐教育工作方针和政策，指导全国的学校音乐教育工作，起到了关键性和导向性作用。

其次，在 1979 年和 1982 年，教育部召开了中小学音乐、美术教材会议，制定并颁发了中小学音乐教学大纲，进一步明确了国家对中小学音乐教学的统一要求和质量标准。1981 年颁布了《高等师范院校音乐专业教学大纲（草案)》。1990 年中华人民共和国国家教育委员会组织力量制定、编写了音乐课教学大纲和教材。这一时期，最为显著的两个改革措施是：1989 年中华人民共和国国家教育委员会制定并颁布的《全国学校艺术教育总体规划（1989 年—2000 年)》（以下简称《规划》）和 2001 年中华人民共和国教育部制定的《基础教育课程改革纲要（试行)》（以下简称《纲要》)。《规划》是我国教育史上第一部有关学校艺术教育的重要文献，它对学校艺术教育的目标、任务、管理、教学、师资、设备、科研等各个方面提出了明确的要求。而《纲要》则是在世纪之交，在中共中央、国务院作出《关于深化教育改革全面推进素质教育的决定》（1999 年 6 月）的基础上，提出“调整和改革课程体系、结构、内容，建立新的基础教育课程体系”，是我国在新世纪实施科教兴国战略的“奠基工程”。2001 年 6 月，国务院《关于基础教育改革与发展的决定》（国发〔2001〕21 号）进一步明确了“加快构建符合素质教育要求的基础教育课程体系”的任务，制定了新的《全日制义务教育音乐课程标准》。

最后，随着基础教育改革的全面展开，作为基础音乐教育“母机”的高师音乐教育改革也全面启动。2001 年 11 月在广西南宁召开了“面向基础教育的高师音乐教育改革学术研讨会”；2002 年 12 月在福建武夷山，作为教育部高师音乐教育改革重点课题，由课题组牵头单位福建师范大学音乐学院组织召开了“中小学音乐教育与高师音乐教育改革学术研讨会”；2004 年 8 月，由中国教育学会音乐教育专业委员会和中国音乐家协会音乐教育学学会，在辽宁大连大学音乐学院联合召开了“全国高等院校音乐教育学学科建设与研究生教育研讨会”。上述会议，就高师音乐教育如何面向基础音乐教育的实际，如何适应《音乐课程标准》改革的具体要求等问题进行了深入研讨，并就高师音乐教育的办学层次、培养目标、课程体系、课程结构、课程内容，以及高师音乐教育在基础音乐教育中的地位和作用等问题，进行了广泛而深入的探讨。

总之，20 世纪 90 年代以来，音乐教育学在理论与实践研究、人才培养等方面已逐步走上正轨。

第二节 音乐教育的重要意义

音乐普及的概念对于音乐界来说并不陌生，在国家强调提高“软实力”的今天，音乐普及的重要性更加突出。然而，口号能否落实到实处，能否使更多的人去接受音乐、感受音乐、进而喜欢音乐仍是一个值得研究的课题。

人们对于音乐的感受和理解取决于音乐表象的积累和对音乐艺术形象的情感体验，而对音乐的感知则是前提。听、唱、演奏等音乐实践活动对学生感知能力的培养具有重要的意义。

一、音乐教育对人个性的发展完善、心灵的健康成长、智慧的启迪开发有着极其重要的作用

音乐教育是美育的重要组成是确定无疑的，是实践检验得出的结论。实践表明，学校音乐教育至少有以下四个方面的功能：

第一，通过音乐课堂教学和课外艺术活动，在学生亲身参与的艺术审美活动中有效地培养和提高学生的审美情趣和审美能力，净化心灵，塑造完善人格；

第二，让学生掌握音乐的基础知识和基本技能，并了解人类艺术发展的历史和优秀的艺术作品，使他们具有艺术审美的基本能力；

第三，通过欣赏和表演优秀的音乐作品，能有效地激发学生的爱国主义情怀，使学生热爱祖国的大好河山，珍惜中华民族的优秀传统文化，培养民族自信心和自豪感；

第四，音乐教育以其特有的方式，开发学生潜能，展示个性，培养创造精神和实

践能力。

现在国外各类学校都十分重视音乐教育，并且已发展到运用音乐治疗心理疾病、促进心理康复等方面。美国、英国、荷兰等国家都建立了全国性的音乐治疗协会。

二、音乐是感情的艺术，是培养爱心的温床

审美教育学认为，美育的实质是感情教育。匈牙利钢琴王子弗朗茨·李斯特曾说过，“音乐表达感情比用其他方法优越，通过音乐人可以传达自己心灵所体验的印象，表达出任何内心运动来”。的确，音乐教育的特点是以情动人，以美感人，所以对音乐教育的改进，应从“情”和“美”的视角切入，把着眼点放在对音乐教学的“情感化”和“审美化”的构建上。

音乐想象的情感性则表现在欣赏音乐的过程中，所产生的想象是与本人的情感、体验密切相关的。唐代诗人白居易在《琵琶行》中对操琴者的精彩表演作了详尽的描述，诗中写到“大弦嘈嘈如急雨，小弦切切如私语。嘈嘈切切错杂弹，大珠小珠落玉盘……别有幽愁暗恨生，此时无声胜有声”。诗人用极其形象的比喻，写出了他在欣赏乐曲时的感受，在听完演奏后又发出了“同是天涯沦落人，相逢何必曾相识”的感叹。正是由于音乐的情感性，引发了作者内心的强烈共鸣，“凄凄不似向前声，满座重闻皆掩泣。座中泣下谁最多？江州司马青衫湿”。这些佳句都印证了“音乐是最具情感的艺术”。

三、音乐是培养和发展想象力与创造力必不可少的手段之一

音乐之所以能发展人的想象，是由音乐的特殊功能和它的美学特征所决定的。法国伟大作家雨果说过，“人的智慧掌握三把钥匙：一把开启数字，一把开启字母，一把开启音符。知识、思想、幻想就在其中。”音乐家在创作中往往冲破普通人常规的思维模式，从人们想不到的角度发挥想象，创造出惊人的杰作。当这些作品的潜在意境通过演奏（唱）大师的二度创作的音响传达给欣赏者时，便触动了欣赏者运动着的感情

波澜。随着乐曲的展现，把人的内心世界引入无拘无束的想象活动的高峰，并产生形形色色经历过的再现和对美好未来的幻想与渴求，欣赏者长期得到音乐环境的熏陶，养成想象和创新的习惯，求知、求新的探索欲望。在此方面，爱因斯坦的切身感受是"想象比知识更重要""知识是有限的，而想象概括着世界的一切，推动着进步，是知识进化的源泉。"

第三节 当前中小学音乐教育的成就及问题分析

一、中小学音乐教育的成就

历经多年的探索与发展，我国初步构建了完备的中小学音乐教育体系，并在教育实践与改革中取得了显著的成果。根据学生的年龄特点以及认知能力，可以将九年义务教育分为三个学段：第一学段为1—2年级，这一时期的学生以形象思维为主，好奇、好动、模仿能力强，善于利用学生自然的嗓音和灵巧的形体；第二学段为3—6年级，这一时期的学生生活范围和认知领域进一步扩展，体验感受与探索创造的活动能力增强；第三学段为7—9年级，这一时期的学生生理、心理日趋成熟，参与的意识和交往的愿望增强，获得知识和信息的途径增多，在学习上形成自己的初步经验，表达情感的方式较之1—6年级学生有明显变化。掌握了不同学段学生的差异性便可以更有针对性地进行教学，对我国中小学音乐教育的发展有着正面的推动作用。从当前中小学音乐教育的现状来看，取得的成就主要有以下几点：

（一）教育内容多元化

当前，中小学音乐教育的内容日益多元化，并出现了三个特征：一是区域音乐增加。区域性是民族音乐的基本属性。作为幅员辽阔的大国，我国各地区在长期发展中均形成了具有地域特色的区域民族音乐。随着民族音乐整理工作的深入开展，区域民族音乐成为地方中小学音乐课程资源开发的重点，并出现了一系列具有代表性的教材。二是少数民族音乐占比提高。作为多民族国家，我国各民族均在历史发展中创造了具有鲜明民族特色的音乐。中华人民共和国成立初期开展的少数民族音乐整理工作为少数民族音乐在音乐教育中的应用创造了良好的条件。三是引入外国优秀音乐。改革开放后，中外文化交流日益频繁，音乐教育呈现出开放性、包容性的特征，大量国外音乐被翻译、引入我国。

（二）教育信息化取得长足进展

从新世纪以来教育教学发展的轨迹来看，存在着两条明显的主线：一条是以建构主义理论为指导思想，着力提升学生的主体地位，增强学生的自主学习动能；另一条是以教育信息化为依托，加强信息技术在课程教学中的应用。两条主线有着密切的联系，信息技术的应用可优化教学环境、丰富教学手段，为学生的自主学习提供帮助。传统的教学模式以教师为中心，不利于学生自主学习能力的培养与发展。对此，运用信息技术拓展音乐教学有着非常重要的价值。

（三）新的音乐教育方法得到应用

当前，不断有新的音乐教学法诞生，外国音乐教学法的传入也从客观上推动了我国音乐教育的发展。以奥尔夫音乐教学法为例，奥尔夫音乐教学法是目前世界上影响力最大的音乐教学法。原本性是奥尔夫音乐教学法的核心，其他教学观念均是从原本性发展、派生而来的。奥尔夫突破了从艺术教育或者审美教育的角度来看待音乐教育的藩篱，将音乐视作人与生俱来的一种状态，与舞蹈、语言等密切相关，是一种最原始、最接近自然的状态。因此，奥尔夫音乐教学法的核心目标不在于教学生音乐，而是引导学生最大限度地释放自身的音乐本能，让学生在外部环境的诱导与刺激下，不断去感受音乐的内在精神与趣味。创造性、实践性、普及性以及开放性是奥尔夫音乐教学法的基本特征，主张向全体儿童进行以即兴发挥为主要形式的音乐教学，让学生感受音乐实践的乐趣。

二、当前中小学音乐教育存在的问题

（一）课堂知识简单灌输堆砌

课堂知识简单灌输堆砌是当前中小学音乐教学中存在的首要问题，突出表现在以下两点：第一，重教学任务的完成，忽略学生的接受情况。教师在音乐教学中存在僵化、生硬的问题，一些教师仅仅将完成教学任务作为教学活动的首要任务，片面地追求教学进度，没有考虑到学生的认知能力和接受情况。第二，受先天条件、成长环境等因素的影响，中小学生音乐学习的基础有着很大的差别，这需要教师从学生的实际情况出发开展针对性、个性化的教学活动。然而，在教学实践中，多数教师并没有关注到学生的差异性，对所有学生均采用灌输堆砌的教学方式。

（二）综合育人活动流于形式

综合育人活动是中小学生教育的重要形式，具有目的性强、参与性高、实践性佳等优势，契合中小学生的身心特征与认知心理，能够很好地满足中小学生学习、成长、发展的需求。然而在调研时发现，在音乐教学实践过程中音乐综合育人活动存在流于形式的问题，如教师在教学时跟学生们说我们要释放天性、亲近大自然，但由于场地、教具等方面的限制，导致教师只能“纸上谈兵”而不能带学生付诸实践。首先，活动主题不广泛。音乐课程肩负着多元化的育人任务，综合育人活动自然需要具备丰富多样的主题，但当前中小学音乐综合育人活动的主题较为狭窄，没有从音乐课程与其他课程交叉融合的角度设置主题，不利于学生的全面发展。其次，活动环境不佳。任何形式的综合育人活动都离不开相应的环境支撑，并且相比其他综合育人活动而言，音乐综合育人活动对环境的要求更高。然而，中小学生校园综合育人活动开展中面临着环境不佳的问题：一方面，中小学生校园缺乏开展综合育人活动的良好场地；另一方面，中小学生校园在校外综合育人活动的开展中缺乏精选、优选活动环境的意识，选择的活动环境存在千篇一律的问题，不能调动中小学生的兴趣。最后，活动资源开发不足。中小学音乐综合育人活动严重依赖统一编纂的教材资源，既脱离了学生的实际情况，也增加了学习难度。课程资源包括素材性资源、条件性资源两类，素材性资源又包括教材、教案等多种形式，学校在中小学音乐教学中多以教材为单一资源，没有深入开发其他类型的课程资源，导致综合育人活动资源缺乏灵活性。

（三）思维启迪停留在表面浅层

“授人以鱼，不如授人以渔”。随着教学实践的不断深入，中小学音乐教学目标发生了深刻的变化，逐渐从课程知识的讲解与传授演变为学生学习能力的培养和发展，而思维能力则是学生学习能力的重要组成部分。中小学生的思维能力由基础思维、高阶思维两部分构成，基础思维为一般性思维，高阶思维则是较高认知水平层次上的心智活动，如分析活动、综合活动等。高阶思维在学生音乐学习中发挥着重要的作用，不仅可以提高学生的学习深度，也能助力学生学科核心素养的形成与发展。因此，培养学生的高阶思维就成为当前中小学音乐教学的重要任务。但从调研过的中小学音乐课堂教学实践来看，对学生高阶思维能力的培养力度远远不够，思维启迪停留在表面浅层是教学活动中的一项常见问题。教师与学生之间的互动教学不足也是思维启迪停留在表面浅层的重要因素。教师如果没有认识到互动教学的重要性，在互动形式、互动频率上存在不足，则会影响学生的思维发展。

（四）实践能力被忽视和淡化

实践教学是中小学音乐教学的有机组成部分，而培养和发展学生的实践能力也是中小学音乐教学的重要目标。以声乐教学为例，随着时代的不断发展，声乐歌唱方式呈现出细分化的特点，出现了许多在方法、技巧、风格上具有明显差异的歌唱方式。当前，我国声乐歌唱方式主要有流行演唱、民族演唱、美声演唱以及原生态演唱四种。教师需要围绕呼吸控制、共鸣技巧、发音吐字等方面开展实践教学，增强学生的声乐能力。在学校音乐教学的教学活动中，学生的实践能力被忽视和淡化，其问题在于：首先，实践教学占比低。实践教学改革能够凸显学生在音乐实践中的主体地位，强化学生的学习动能。然而，在中小学音乐教师队伍中极大部分的教师都是紧跟时代步伐，在新课标背景下应用教学，但个别教师还存在着进行音乐教学活动中重理论、轻实践的问题，实践课程占比低，难以满足学生实践学习的需求，对学生的全面发展也带来了负面的影响。其次，实践教学分散。根据实践教学场地、实践教学目标的不同，实践教学可以分为多种不同的类型，各类型实践教学间具有内在的联系，而现阶段的中小学音乐实践教学并没有注意到实践教学各类型间的联系，影响了实践教学的整体效果。最后，社会化实践不足。推动教学活动从校园走向社会是中小学音乐教学的趋势，社会中有大量的实践机会，如社区音乐活动、晚会表演等，教师没有利用好社区实践的机会，不利于学生实践能力的培养和发展。

第二章 中小学音乐教学设计

第一节 体现以审美为核心

一、理解什么是“音乐审美”

对于什么叫“音乐审美”学界有很多的观点，甚至存有争议。2011 版课标指出，“音乐审美指的是对音乐艺术美感的体验、感悟、沟通、交流以及对不同音乐文化语境和人文内涵的认知。”郭声健在《音乐教育论》一书中指出，审美即主体通过感官对美的对象进行体验和感受，从中获取精神享受与启迪。

管中窥豹，我们至少可以知道以下三点：“审美”活动是一种感性的活动，它不是一种理性的思辨活动；“审美”活动是一种需要通过感觉器官参与的“感受”与“体验”活动；“审美”活动是一种基于体验的情感活动，只有在此基础上，作为审美主体的人才能有所“感悟”，才能进行“沟通、交流”，才能形成审美“认知”，并最后获得精神享受与启迪。

了解“音乐审美”的内涵，在教学中对我们有重要的指导意义。中小学的音乐教学首先应该从感性出发，注重情绪情感的酝酿、渲染、学习、表达和升华，尽可能地让学生多体验、多感受、多参与音乐实践活动，尽量避免对音乐知识与技能等做思辨性的讲解和灌输。

二、明白音乐审美到底“审”什么

音乐审美“审”的首先是作品的美感。在音乐教学中，给学生提供最美、最典型、最有代表性、最经典、最能说明问题的音乐作品，这对于教师来说就是头等大事。对这些精心选择的音乐作品烂熟于心，对其音乐风格、特点等烂熟于心，对于教师来说更是基本要求。只有这样，我们才可能真正选择合适的教学方法、手段、策略去引导学生对各种音乐作品进行鉴别、欣赏，使人类共同的审美感受与经验得到认可、传承和发展。

音乐审美“审”的只能是美的作品的“美感”吗？值得注意的是，在课堂之外的社会大环境中，还存在着大量“不美”的作品，我们的教育关键就是要引导学生去“审”、去“鉴”。曾经欣赏过的美的作品，从内容到形式上都可与“不美”的作品形成强烈的对比与参照，因而“审美”的“审”带有鉴别、审视、欣赏、判断、评价、批评等众多意味。

三、了解以怎样的方式进行音乐审美

音乐的本质特征是感性的，“审美”本身也是一种感性的活动，我们当然应该以感性的方式对所听到的对象进行“体验、感悟、沟通、交流”，尤其对于中小学生来说，更应该如此。教师需要带学生去“玩音乐”，即让学生带着美好、轻松的感觉进入审美状态，获得一种正向的“音乐情感”，才可能产生真正的“审美”愉悦。

从音乐表现的角度来看，要帮助学生学会用音乐的方式来表达情感，以情动人。我们应该通过音乐教育让学生学会表达真、善、美的情感，欣赏和表现优秀音乐作品的过程，就是学习音乐家如何表达情感的过程，学习他们如何完美表达个人的情感、表达对他人的情感、表达对社会的情感的过程。例如，演唱或者演奏的第一个音，就不能只对发声技巧有要求，而是要让学生在唱或奏的第一个音里就要有情感，要有美的音色，教师要引导学生去发现、去模仿、去表达。

从音乐欣赏的角度来看，要帮助学生发现音乐在形式与内容上的美感，以美感人。

对于音乐教师来说，最重要的工作是在教学过程中不断帮助学生发现音乐的美感，音乐的形式美和内容美。吴斌老师曾多次在全国会议上提出“音乐审美教育的基本原则”，就是为了帮助学生发现音乐的美感。

一是在教学中，应充分揭示音乐要素在音乐中的表现作用，让学生亲身感受到音乐中最激动人心和极具表现力的部分，而不是进行枯燥的、单纯的技巧训练和灌输死记硬背的知识。

二是应以整体的方式来体验音乐，理解“整体大于元素的总和”这一心理学原理，使学生感受音乐的魅力，产生情绪的反应和情感的体验，而不能支离破碎地讲授音乐的各种构成元素。

三是应努力进行艺术实践，这是音乐教育区别于其他学科的一项重要的原则。我们应该强调音乐概念和音响的尽量统一，只有这样我们学到的才能称其为音乐。音乐是声音的艺术、时间的艺术、听觉的艺术、情感的艺术，单纯的记忆概念对于普通学校的音乐教育来讲意义不大。

四是应该强调知识技能的训练，不能完全背离音乐情感的体验和音乐的表现，技能技巧的学习过程应始终贯穿学生的情感参与，不能等技术成熟后再进行艺术处理和表现，只有这样，中小学的音乐教育才能真正实现审美价值，成为审美教育。

艺术不能容忍说教，审美不能灌输。我们要在教学中很好地贯彻“以审美为核心”的理念：一是音乐教学条件要好、环境要美；二是音乐教学内容要美，教师对美的内容、美的形式要烂熟于心；三是音乐教学方法要美，要让学生参与音乐实践，学会艺术地表达情感，要让学生获得正向的音乐情感体验，获得一种审美愉悦和满足感。

第二节 确定和表述音乐教学目标

科学合理地确定教学目标，并准确简明地表述教学目标，是执教一堂成功的音乐课的首要环节，也是音乐教师的一项基本功。新课程改革提出了“三维”目标，即情感、态度与价值观，过程与方法，知识与技能。具体落实到每节音乐课上，教师要准确把握和规范表述教学目标，并不容易。

一、如何正确定位教学目标

在定位一节课的教学目标时，需要对照学段目标，考虑学生学情。一要考虑学生在情感态度方面的适应性，了解学生的生活经验，从促进学生全面发展的需要出发，去审视制定教学目标。二要考虑学生的学习差异、个性特点和达标差距，以便按照课程标准确定教学目标要求及出发点，为不同状态和水平的学生提供适合他们发展的最佳教学条件。三是考虑学生在知识技能方面的准备情况和思维特点，把握学生的认知水平，以便确定知识与技能目标。四要主动与学生沟通交流，认真听取他们的意见和建议，使教学目标制定得更具针对性和实效性。

教学目标是上好一堂课的前提，是保证课堂教学质量的基础。它是由一系列具有层次关系的目标组成的目标群。教师在写教学目标时要注意，所写的教学目标是指课时目标，不是学段目标或学科目标。目标是教师预期学生的学习结果，带有很大的主观性，在教学过程中，如发现有未预料的变化，应及时调整目标，不要将既定目标视为神圣不可变更的。

二、如何规范表述教学目标

在教学中，要根据教学目标来选择教学内容。在进行“三维”目标设计时，应当首先分析教材内容，根据课程标准要求，选择知识技能的学习水平，确定结果性目标的层次结构。其次，分析知识发生、形成和应用的过程，研究并设计学生获取知识的过程与方法，确定以过程与方法为主的体验性目标的层次结构。最后，分析并挖掘知识价值和教学内容的育人功能，确定以情感、态度与价值观为主的体验性目标的层次结构。综合三方面的内容，最终完成“三维”目标的设计。

（一）教学目标的结构组成

教学目标主要包含四个要素：行为主体、行为条件、行为动词、行为表现。行为主体指学习者，即教学对象，也就是说学生才是行为的主体。行为条件指产生行为的条件，即评定学习结果的约束因素，包括环境、人、设备、信息、时间等因素。行为动词是目标中最基本的组成部分，行为的表述具有可观察、可测量的特点，应使用明确的行为动词来描述。行为表现指评定行为的最低依据，或者是学生对目标所达到的最低标准，包括完成行为的时间限制，完成行为的准确性和完成行为的成功特征。

（二）教学目标的陈述方式

教学目标可分为结果性目标和体验性（或表现性）目标两大类。结果性目标陈述方式，即学习的结果。所采用的行为动词是明确的、可测的、可评的。体验性（或表现性）目标陈述方式，即描述学生心理感受、体验（或明确安排学生表现的机会）等，所采用的行为动词是体验性的、过程性的。

行为主体必须是学生而不是老师，因为判断教学有没有效益的直接依据是学生有没有获得具体的进步，而不是老师有没有完成教学任务。“帮助学生感受体验音的强弱”“引导学生在身心愉悦中获得丰富的情感体验，提高对音乐的表现和创造能力”，这样的写法是不规范的，因为目标行为的主体是教师，是教师去“帮助、引导、提高、激发”，而不是学生。规范的行为目标的开头应该是“学生应该……”“学生能够……”，书写时可以省略，但目标必须是针对特定的学习者而提出的。在教学目标中，我们应该这样表述：“学生能听辨出……学生能够独自或与他人一起演唱……”。

行为动词必须是可测量、可观察，具体而明确的。“提高对音乐的表现和创造能力”，这种写法不仅行为主体不对，而且也无法评价“学生对音乐的表现和创造能力”到底提高了多少。行为动词是目标中最基本的成分，陈述时可使用动宾结构的短语，行为动词说明学习类型，宾语来说明学习的内容，通常在行为动词后面，加上动作对象就构成了对行为的表述，如“能区别音符与休止符的异同”。

行为条件是指影响学生产生学习结果的特定限制或范围等，如“能在所给的音符中，指出二分音符与四分音符”。在音乐教学中体现为各种音乐教学活动，如“欣赏音乐主题……”“学唱歌曲……”等。

行为表现应当分层次，考虑到不同水平的学生，制定有弹性的目标。教学目标的底线是要求全体学生必须达到的最基本的目标。对不能达标者，要采取补救措施，帮助他们及早达标。对学有余力的学生，则要求他们达到目标后，还应达到专为他们制定的横向拓宽目标，使他们能脱颖而出。

第三节 做到形式为内容服务

新一轮基础教育课程改革实施后，为了能将新课程理念付诸教学实践，老师们动了不少脑筋，采取了多种形式来丰富课堂教学。每堂音乐课大家都想将“唱、听、说、演、玩、写、画”等形式集于一体，活跃课堂气氛，让学生参与积极。然而，在一堂堂看似热闹的音乐课背后，却是学生离真正的音乐越来越远。学生没有听懂音乐，不会演唱刚教唱的歌曲，也没能掌握应有的音乐知识与技能。课堂上甚至出现了把“对话”变成“问答”，把“自主”变成“自流”，有活动而无体验、有形式而无实质等问题。

一、根据教学内容设计合理的教学形式

形式是枝，内容是根，形式始终是为内容服务的。在准确定位教学目标以后，教师应该认真思考，围绕教学目标的实现可采取哪些教学形式，不管是“轰轰烈烈”的形式还是“潜移默化”的形式，不管是“动”还是“静”，只要贴近内容就是可取的。“一堂成功的音乐课既可能是一堂让学生身心得到全面释放的‘形动’课，也可能是一堂让学生心灵感悟和情感体验达到最大张力的安静的‘心动’课”。

在选取形式时不但要考虑音乐课型，还要考虑学生的年龄特征。例如，在低年级唱歌教学中宜采用比较活泼的教学形式，因为低年级学生年龄小，坐不住，注意力难

集中。在高年级的音乐欣赏教学中，“静”的参与方式远比“动”的参与方式所取得的教学效果好。教学形式不在于多少，关键是有助于教学目标的实现。反之，如果远离教学内容，形式再多也只是花架子，教学肯定也会远离教学目标。

二、任何形式都要充分体现音乐性的特点

东北师范大学音乐学院教授、博士生导师尹爱青老师就“什么样的课是好课”这一问题，提出的评价标准之一就是“突出音乐本体，突出音乐的美，引起学生共鸣的课”。音乐性是音乐课堂教学的灵魂，音乐课程实施教学的载体是音乐，如果离开了音乐这个载体，哪怕形式再多，也是在云端舞蹈，音乐教学也就失去了意义。因此不管是哪一种课型，所设计的教学形式都应该紧紧抓住教学内容中的音乐要素，用音乐的手段解决音乐的问题，才能不断深化音乐审美，提升音乐教学的“音乐性”。

三、有效运用多种教学手段丰富音乐课堂

教学手段是师生教学相互传递信息的工具、媒体和设备。情境教学手段普遍运用于音乐教学，它是对音乐教育“愉悦性”原则的实践，也有助于“三维”目标的实现。创设有效的音乐情境首先应从教材出发，由教材内容决定情境教学的形式。在“内容设计”上要有取舍，对学生较难理解或需更进一步丰富学生音乐情感的内容，可借助情境加以助燃。相反，学生较易理解的内容，教师还花大量时间和精力去创设教学情境，就会“画蛇添足”，费力而不讨好。在低年级音乐教学中，情境的创设不能过于花哨、道具过于繁多，这样就会把学生的注意力从音乐内容转移到这些情境上来，学生不会关注音乐，而会过于关注身边的情境。

新课程改革对每一位教师来说都是一种挑战，一种压力，也是一种机遇。在音乐课堂教学中，只有把教学内容与教学形式做到和谐统一，才能构建起真实、高效的音乐课堂，音乐教育才能返璞归真，真正达到“审美育人”的目的。

第四节 设计实在而有效的导入环节

什么样的导入才是有效导入？教师如何把握导入的实效性，在有限的教学时间里快速调动全体学生的学习积极性，引导学生主动参与学习过程，更好地感受和体验音乐，参与和表现音乐。

一、正确理解“有效导入”

（一）“有效导入”的内涵

“导入”是教师在课堂教学起始环节中采用各种教学媒体和教学方式，向学生引入新知识，使学生迅速进入新课学习状态的活动方式，也是课堂教学的第一关。而所谓“有效”，简单解释就是有用、有意义、有价值。这包括三个层次的含义：一是有效果，即教学活动效果要与预期的教学目标相一致，体现教学的目标达成性；二是有效率，即师生双方为实现教学目标所投入的时间、精力及各种教育资源等与预期的教学目标所需的比率；三是有效益，即在效果和效率的基础上，体现教学效益，这是更深层次的要求。教学效益的好坏，关键在教学目标的实现，体现学科特点与特定的社会和个人教育需求相吻合，且吻合的程度较高，教学反响好。一个有良好导入教学素养的教师，会特别关注学生的学习状态，特别关注以情感和激情激发学生的学习情感和激情，在每一个微观教学环节上都要激发学生的学习思维和学习需求，而后再进行教学内容，推进教学进度。

（二）“有效导入”的特征

“有效导入”一般具有两个重要特征：一是激发学生兴趣与求知欲望；二是紧扣知识点。德国教育家阿道尔夫·第斯多惠曾指出：“教育的艺术不在于传授本领而在于激励、唤醒、鼓舞。”然而，激发兴趣一定要恰到好处，能与教材的知识点紧密结合，能在导入环节把学生的“兴趣点”尽快地导入本课知识中。一个有效的导入，一开始便能吸引学生的注意力，让学生兴致盎然地期待接下来的学习。

二、做到“有效导入”

随着新课改的不断深入，教师们越来越注重运用多种方式进行教学，就导入环节而言，有各种各样的导入形式。例如，情感（背景）导入法、故事（寓言、成语、典故）导入法、游戏竞猜导入法、亲身经历导入法、表演导入法等，形式千变万化。无论形式如何变化，都是为学生感受音乐、表现音乐服务的，因此要注意以下几点：

（一）找准“点”，即切入点

导入的切入点要能突出本课所学音乐作品的特点、难点、重点。教师拿到一首歌曲，要反复聆听、仔细分析，并准确找出这首歌曲最有特色的地方。解决歌曲中的重难点是课堂教学的中心环节，所以导入环节的设计除了抓住音乐特点外，还一定要考虑到其是否有助于突出教学重点、突破教学难点。找准切入点进行导入，如同用车钥匙启动汽车，四两拨千斤，不仅能引导学生有目的地倾听音乐，更能牵动整节课的环节，自始至终贯穿课堂，起到统领全课的作用。这种“快、准、狠”式的导入最能让学生快速进入学习的状态，且十分有效。

（二）关注“情”，即情境、情感

教学过程是情意过程与认识过程的统一，两种系统同步、协调发展，相互促进，才能取得最佳的教学效果。导入环节应能营造需要的音乐情境，并与整个课堂的氛围相统一。在设计导入环节时，应充分考虑音乐所营造的情境，能引导学生发挥想象，去感受音乐情境，有利于学生在接下来的学习活动中感受美、欣赏美、创造美。这种导入方式在欣赏课及中低年级的音乐教学中常常能起到不错的效果。

（三）掌握“度”，即深度、难度

在教学开始时，人的认知结构和新知识之间的矛盾是潜在的，学生并未充分意识到它的存在。为此，需要通过一定的教学行为，使潜在的矛盾表面化，并逐渐激化，从而促进学生产生学习动机，课堂教学导入就是为这一目的服务的。导入环节抛出问题的深度不够，就不能够充分使“矛盾激化”，不能够充分激发学习动机；而难度过深，学生一开始便产生畏难情绪，也将失去学习兴趣。因此，教师应针对不同年级学生的身心特点设计不同深度的导入。

成功的导入，如同戏剧的序幕，预示着戏剧的高潮和结局；又如同路标，吸引着学生的思维方向。因此，有教学实践经验的教师十分重视在课堂导入上下功夫，并能结合教材内容，结合学生特点，结合本人的实际情况，得心应手地运用导入这种教学技能，来提高自己的教学效果。

第五节 正确处理经典与流行的关系

如何在音乐教学中处理好“经典”与“流行”的关系呢？我们可以从以下几个方面进行有益的尝试：

一、以学生为主体，关注学生对音乐的兴趣点

音乐教学的主要目标不是需要将中小学生都培养成音乐家，而是在他们的中小学阶段给予他们更好的音乐指引和学习方向，激发他们对音乐学习的兴趣。教师不应该排斥流行音乐，不能把流行音乐一味地拒之门外，在传统的音乐教学内容中加入一些“流行元素”来创新音乐教学是行之有效的方式。

在实际教学过程中，教师应以学生的兴趣和爱好为切入点，利用他们喜爱流行音乐的特点，找到两种音乐之间的共同点，将优秀的“流行音乐”有机地渗透到音乐课堂中，并与“经典音乐”相结合。让学生首先对音乐课的内容感兴趣，也就能更好地

带动学生的情绪，激发学生自主学习的动力，从而使他们真正成为课堂的主体。例如，在欣赏歌曲《吉祥三宝》时，可以再穿插同样具有蒙古族风格的流行歌曲《天堂》，用那极具现代感的伴奏效果，跌宕起伏的音调去吸引学生的注意力。最后引入《牧歌》，让学生对这个“马背上的民族”的音乐发出由衷的赞叹。借助这些流行音乐，激发学生的学习兴趣之后，再适当地组织学生赏析、品味蒙古族马头琴的演奏特色，了解蒙古族音乐特有的悠长曲调，感受蒙古族音乐的独有特点，从而达到良好的教学效果。

教师在选择音乐素材的时候要多考虑学生的认知水平，多选择通俗易懂、朗朗上口、喜闻乐见的音乐素材。例如，适合学生年龄演唱的具有校园歌曲风格的歌曲，如《橄榄树》《三月里的小雨》《栀子花开》《踏浪》《兰花草》等；能励志的一些歌曲，如《隐形的翅膀》《真心英雄》《阳光总在风雨后》《海阔天空》《我的未来不是梦》等。

二、拓展教材资源，整合教学内容

教材对于教师来说无疑是一种重要的教学资源，然而在教学资源日益丰富的今天，我们不能盲目地“唯教材而教学”，一味地“教授教材”。随着时代的发展，教材中很多“经典音乐”被现代音乐人进行了“改版”。在一些联欢晚会、电视节目中，有些歌曲和乐曲出现了“老歌新唱”，或者融入了很多流行元素，形成了一种新的音乐风格，这些乐曲比原本的“经典音乐”更能贴近学生。通过让学生进行演唱、欣赏对比，能让学生更好地体会各种音乐风格的特点。

教师可以根据教材上的板块分类，搜集一些同类型但更有创新风格，或者更能激发学生兴趣的作品，这有利于拓宽学生的音乐视野。例如，京剧选段《打虎上山》、越剧选段《天上掉下个林妹妹》都有“零点乐队”加入了摇滚乐风格的流行音乐版本。这些音乐只要老师们平时注意收集，提高音乐素材趣味性及多样性，在音乐课堂中都能很好地激发学生的学习兴趣。

在音乐教学中，还可借鉴优秀的流行音乐作品，把流行音乐和经典音乐有机地结合起来，以“经典音乐”为主，“流行音乐”为辅，适当调整教学内容。介绍我国优秀的民族音乐时，可以选择一些采用现代技术进行编曲演唱的新民歌、新民乐，如学生熟悉的“超级女声”演唱的《彩云追月》《山歌好比春江水》等；民族乐器与流行音乐的融合，如林海的《琵琶语》《欢沁》，女子十二乐坊演奏的《阿拉木汗》《茉莉花》等。这些新民歌、新民乐是在传统民歌、民族乐器的基础上融入了现代流行音乐元素，不论服饰着装、表演形式、舞美灯光，还是从乐曲的编配上都很时尚、富有新意，深受广大学生的喜爱。

三、淡化经典与流行的界限，提升学生对流行音乐的认识

经典与流行是对立统一的，它们既相互依赖又相互排斥。经典是过去的流行，流行是未来的经典。在现在流行的音乐风格中，都或多或少有着经典音乐的影子；音乐也是顺应外界因素和时间而不断发展的，经典与流行两者是密不可分的。在音乐教学过程中，我们也可以把这种理念渗透给学生，淡化经典和流行的界限，让学生体会音乐在社会背景和时间的推移下的变化发展，从而更好地理解经典音乐作品。

很多学生对流行音乐是知其然而不知其所以然，如何正确引导、提升学生对流行音乐的认识，音乐教师的责任重大。教师在备课过程中要仔细筛选、精心设计，以趣味的教学方式来引导学生聆听、演唱、感受音乐的美，并通过音乐形成的历史背景学会从多角度客观地评价鉴赏。教师要以学生为主体，鼓励学生对所听的音乐有独立的感受和见解，并有针对性地开展讨论，在思辨中提高学生的欣赏水平和音乐鉴赏能力。例如，教师可以把每节课的课前五分钟拿出来交给学生，用多种方式自由展现自己喜爱的音乐，大部分学生自主选取的歌曲或者音乐都是流行音乐，利用这种契机，教师可以采取师生互评的方式来对学生选择的音乐进行评价或肯定，在课堂活动中也可以起到引导学生对流行音乐正确审美的作用。

第六节 让音乐教学走进学生的生活

音乐教学必须与学生生活和社会实际紧密联系，具有生活气息和时代特征。一方面，音乐教材中有些歌曲因年代久远而与现实生活反差较大，这就需要教师运用现代视野充分发掘其中蕴藏的“美”来诱发学生的学习欲望，激发他们的学习兴趣，避免教学上的为教而教。另一方面，音乐学习的内容、过程与方法都应贴近生活，贴近学生，教师既要善于从生活之中遴选资源用以丰富课堂，又要把学习成果向生活发散，让学生以音乐的美和情感体验来认知和感受真善美。

音乐课堂教学，应把知识的获得与学生已有生活经验和生命成长连接起来。可以运用多种充满生活气息的教学手法进行教学，通过师生之间的平等互动与交流，把生活经验音乐化，音乐问题生活化，在生活与音乐之间架起一座兴趣之桥。以此来激发学生学习音乐的兴趣，实现让音乐课堂教学充满生命活力的目标，提高学生音乐素养，培养他们高尚的审美情趣，最终达到育人的目的。

一、教学要关注学生的兴趣

树立以学习者为主体的观念，使学生真正成为学习的主体，就要关注学生的兴趣、需要和态度。围绕课堂教学，教师要做到淡化自我，走进学生的世界，聆听他们所聆听的，充分运用现代教育理念，不以自己的意志来左右教学走向；主动去关注、发现学生的兴趣点，充分利用学生资源，让自己成为学生真诚的合作伙伴；拓宽视野，善于吸收与借鉴，充分开发生活资源；突出欣赏性、审美性，充分应用现代教育技术提供的媒体资源，营造轻松活跃的课堂氛围，以学生喜闻乐见的形式组织与呈现学习。

二、内容要贴近学生生活

学生的背景知识、学生的情感、新知识本身蕴含的潜在意义、新知识的组织与呈现方式是建构主义学习活动中包含的四个因素。建构主义理论认为，知识是主体个人经验的合理化，学习者在日常生活中，在以往的学习中，已经形成的知识经验是至关重要的。因此，坚持以学生为学习过程的中心，必然要求教师从学生的实际出发来组织和实施教学。教师要拓宽视野，树立开放的教学观，将社会音乐、家庭音乐融入学校音乐。

例如，师生可以合作开发编写校本音乐教材，共同推荐并从中选择一些学生喜欢的社会音乐将其引入课堂。可以“我爱我家”“我爱我校”“我们的童谣”“我的心情”“我的音乐收藏”等为主题的单元，编写《唱歌》校本教材，让学生将自己的“友爱”“忧伤”“高兴”“遗憾”等各种情绪用歌声表达出来。再如，要激励自己时，可以唱《蜗牛》《隐形的翅膀》《水手》《阳光总在风雨后》《飞得更高》《从头再来》等歌曲；离别时可以唱起《友谊之歌》《毕业歌》《友谊地久天长》等共同忆往事、唱友谊、颂友谊的歌曲。这样，以课堂为起点来实施生活化的教学，加强课堂教学与生活的沟通，让音乐教学贴近学生生活。

三、方法要富于生活气息

在课堂上创设生活情境，从熟悉的生活引入教学，是促进学生学习的良好举措。例如，在教学《春雨》一课时，刚好下着小雨，教师便带领学生观雨，体验下雨时的感受。“你们说说自己所知道的有关雨的词语。”于是，引出了一连串有关雨的词汇，如大雨、倾盆大雨、毛毛雨、暴风骤雨、细雨……教师把它们一一板书在黑板上，接着问：“在生活中哪一种雨是你最喜欢的？怎样把它表现出来？”学生有的说可以用画来表现，有的说可以用诗来表现，还情不自禁地朗诵了起来。教师再问：“谁能把春雨画出来？”一位学生上台画春雨，下面的学生补充，很快就形成了一幅春雨图。“咱们能不能根据这幅画来编一个故事？”有学生说：“春天来了，花儿开了，鸟儿高兴起来了，布谷鸟也欢快地唱起了歌。”有学生模仿：“布谷、布谷……风吹来的声音——呼呼呼，小雨的声音——沙沙沙……还有雷、大雨以及雨水停了之后青蛙的叫声……”教师进一步启发：“美丽的春雨图，动听的大自然的声音，大家想做点什么？”有的说想跳起来，有的说想唱一首歌《春天在哪里》……教师因势利导：“那我们一起给这美好的春雨写一首诗吧。”在《嘀哩嘀哩》的音乐声中，你一句，我一句，一首小诗便诞生了：“大雨哗啦啦，小雨沙沙沙，我们笑哈哈。”学生在这样互动的课堂内无拘无束地展示自己的才华，相互碰撞，相互回应，相互融合，相互创造，课堂变得生机盎然。此时，歌词适时出现，学生甚至觉得书本上的歌曲就是他们自己创作出来的……这种课堂灵感的引发，使教学远远超越了文本，成为教学过程中最可贵的一部分，也是课堂中一道亮丽的风景线。

以日常生活为源泉，引导学生大胆表现，让音乐学习成为生活化的音乐实践活动，使学生生活在音乐之中。例如，鼓励学生利用废弃物自制“土乐器”，在课堂上用来伴奏或演奏；在节奏教学中，让学生根据自己的喜好，用笔轻敲文具盒，拍手，摇晃身子，搓揉衣服、报纸等创造多种打节奏的方法。这些充满生活气息的教学活动，让学生从自身经验出发，能很快领悟学习的要义与内涵，从而更好地感受和表现音乐。

四、活动要强调自主探究

网络信息时代的到来，给学校课堂教学组织形式带来了极大的变革，学生获取知识的途径丰富多元，教师的传统形象和地位因此改变，同时也为学生的自主性学习、研究性学习提供了广阔而便利的空间。教师可以据此延伸课堂，向学生提出或征集研究问题，安排适量的探究性主题学习活动，引导学生以小组为单位，围绕主题自己动手、动脑去收集资料，交流收获。学生在网上查找课本以外的相关资料，通过网络来获取信息，这样就大大改变了学生的学习方式，使学生由被动接受变为主动参与，成为发现、探究和创新的主体，有利于培养学生的自主学习能力和搜集、处理信息的能力。

在音乐教学中，教师还要注意不能将社会音乐、家庭音乐与学校音乐人为地割裂开来，用非此即彼的观念和态度来认识与对待流行与经典、时尚与传统的关系。要去除功利化教育的影响，主动贴近学生生活，参与学生生活。要带领学生走进广阔的音乐时空，探索神奇的音乐世界，拓宽学生的音乐视野，让他们在音乐的氛围中感悟音乐，在音乐中感受生活的美，从生活中捕捉音乐的美。

第三章 中小学音乐教学组织

第一节 有效实施小组合作学习

合作学习是指学生为了完成共同的任务，有明确的责任分工的互助性学习。合作学习鼓励学生为集体的利益和个人的利益而一起工作，在完成共同任务的过程中实现自己的理想。学生在学习过程中会不自觉地发现他人的优势，学习他人，完善自己，学会与他人合作，形成一种情感同化的态度，为达到共同目标而努力。在合作学习中小组合作学习又是用得最多的一种学习方式。小组合作学习在音乐教学中的开展要合情合理合适，不能因为有其必要性，而在课堂学习中只追求形式甚至滥用，那么效果将会适得其反。这就要求教师要在教学中指导学生进行有效的小组合作学习。如何在音乐教学中有效实施小组合作学习，可从以下几方面来把握：

一、要注意培养学生小组合作学习的能力

（一）培养学生广泛参与的意识

在课堂教学中任何学习方式的实施，都需要以学生的积极参与为基础。在音乐课堂教学中实施小组合作学习更需要学生具有广泛的参与意识，它直接关系到合作学习的效果。一般来讲，学生只要能够积极参与到合作学习中去，就能或多或少地获取一些知识和经验。但在合作学习中会经常出现前面提到的现象：教师一声令下，学生立

刻三五成群，只见每个同学都在说，但说的是什么却不知道，乱作一团。有的学生趁机开小差、说闲话。没多长时间，教师一个手势，学生迅速返回座位，合作戛然而止。这种看似每位学生都在共同研究，但其中不乏有浑水摸鱼的情况，小组合作学习根本没有触及合作的本质，导致这种现象的原因是一些学生不愿意积极参与到合作学习当中，或者是不知道如何参与合作学习。这就要求教师要有敏锐的观察力和良好的组织协调能力，教师要多鼓励这些学习参与意识不够或能力较弱的同学，多创造机会让他们发言，并给予真诚的肯定。让学生认识到参与就是一种经历，就会有收获。同时，还要让学生在参与过程中找到方法，找到乐趣，进而不断提高合作的质量。

（二）培养学生独立思考的能力

合作学习是集体行为，但是与个体的独立思考是密不可分的，他们存在一定的辩证关系：合作学习往往是个体遇到困难或个人能力解决不了时才出现的，学生这时候的困惑使他们想通过与别人交流、合作分担个体困难，形成合力解决问题。因此，教师在组织学生合作学习之前一定要给予学生充分的独立思考的机会，避免学生在小组交流时“人云亦云”，盲目从众。只有在学生思考达到一定程度时开展合作学习才能得到发散学生音乐思维的效果。在教学中如果缺少必要的独立思考的合作学习将成为“无源之水，无本之木”。

二、小组合作学习过程中的建议

（一）优化组建合作小组

做好组织工作是有效开展合作学习的重要前提。学生是具有丰富个性的学习者，他们在兴趣指向、性格特点、交往意愿、知识水平、理解能力、言语能力、组织能力以及守纪状况等各个方面都存在个体差异。教师在进行合作学习小组分组前应综合考虑以上各方面的因素，进行合理化分组。一个结构合理化的合作学习小组要注意以下两点：①小组人数一般以 4—6 人为宜，设小组长 1 名。小组成员在性别、兴趣、能力等方面进行合理搭配。②小组成员应是流动的。可以是组间男女生的互换或流动，也可以是组内某些角色的互换或轮换，还可以按活动主题的需要让学生进行自由组合，或者到一定的时间根据实际情况改变一次编组。

（二）合作学习的选题应恰当

合作学习作为一种训练学生能力，培养合作精神，集思广益的一套学习方式，如果在课堂中频繁使用，也会产生诸多负面效应。教师在设计合作学习内容时，第一要注意内容含量不宜太少，如果单靠个人可以解决，就没有必要大家共同合作；第二内容难度要大众化，难度太大容易冷场或者导致只有少数人真正参与，而且创作活动不易出效果，过于容易会使学生无须深入地思考，缺少思维价值的合作没有什么意义。因此，在实施合作学习前，教师要根据学生生活实际和教学环境条件选择有合作价值的、带有一定挑战性的教学内容，将它们精心设计成合作学习的问题，在合适的时机、以适当的次数让学生进行合作学习，把学生领进“最近发展区”。

合作学习的“问题”可以是学习中遇到的难点，学生思维受阻时提出来的。在这种情况下学生有急需和别人交流、听取别人意见的欲望，能恰到好处地投入合作学习的情境中，使合作学习达到最佳状态。

合作学习的“问题”也可以是在当某一问题可能有多种答案或多种表现形式时提出来的，如在上欣赏课《传统是条河》时，为让学生了解石磬的选材原理及制作工艺，教师让每个学生带几块不同种类的石头在课堂上动手敲击。因为每个学生所带石头的种类和大小不同，在敲击思考过程中会出现多种答案。在让每个学生经过一定时间的实践与思考之后，教师再让学生分组合作，讨论交流，然后选派代表发言。这样学生在活跃的课堂气氛中圆满地得出答案，为本课添上精彩的一笔。

合作学习的“问题”可以是教师在教学的重点、难点处设计的探究性、发散性、矛盾性的问题，也可以是学生在质疑和困难中主动提出的问题，但一节课中不宜安排过多的合作学习次数和时间。

（三）建立科学的评价机制

合作学习作为系统的学习方式，必须具备相应的评价机制，只有这样才能更好地发挥合作学习的作用，凸显合作学习的精神实质。每次小组活动后，教师都要及时对共同活动的成效进行总结评价。一方面是对小组学习的情况进行总结；另一方面是对小组的活动情况进行评价，主要从参与是否积极、合作是否主动友好、工作是否认真负责、任务是否完成等方面进行。在具体的操作中，可采用学生自评、组员互评、教师参评相结合的方法，根据小组的学习态度、合作精神、学习能力、团队合作等几个方面的总体成绩为评价依据来决定奖励。

大量的研究资料表明，小组合作学习方式使用得当，在教学中确实能起到不可低估的作用。不过，在系统培养学生合作学习习惯的同时，还要注意教师在合作学习中的组织、引导、合作的作用，更要注意配合其他学习方式并有机灵活运用。合作学习的良好学习品质不是一朝一夕就能形成的，它的完善是一个在探索中发展、在发展中探索，不断总结、不断进取的动态过程。这就需要我们广大音乐教师在教学实践中不断反思、不断摸索、不断总结和创新，提高合作学习的有效性，以达到合作学习形式与效果的统一，进而更好地为音乐新课程改革和全面落实素质教育创造有利条件。

第二节 做好小学低年级的组织教学

小学低年级音乐课堂组织教学是一项融科学和艺术于一体的富有创造性的工作。要做好这项工作，教师不仅要懂得课堂教学规律，掌握一定的教育学、心理学知识，还必须关注每一位学生，运用一定的组织艺术，激发学生的情感，使学生在愉快、轻松的心境中全身心地投入学习中。我们可以从以下几个方面入手：

一、建立良好的音乐课堂常规

音乐课堂本身就是比较活跃的，加之低年级学生活泼好动，自控能力弱，注意力易分散，如果不在一定要求下开展教学，课堂秩序将难以维持，导致教学活动无法开展，甚至影响到学生对音乐的学习，对音乐失去兴趣。

教师应要求学生上课要带齐学习用品，如音乐书、乐器等，如有学生没带音乐教材上课，与旁边的同学共用一本书的话，自然会一起交头接耳，影响上课的纪律。进教室时可要求学生听着音乐，踩准节奏做动作，有序地找到自己的座位，这样可以让学生带着一种自然放松的心情来上音乐课。同时，还可以采用一些较为“音乐化”的方式组织教学，如用演唱的方式进行师生的问好，听老师弹奏某段音乐或是某些音符让学生赶快坐好，或迅速安静下来，或伏案休息，或排列成表演的队形等。

对低年级学生而言，严格的常规要求是达到良好教学效果的前提。老师要严格要求学生认真遵守音乐课堂常规，养成良好的学习习惯。

二、及时调控学生的注意力

音乐课堂正常秩序的维护，需要从多方面进行组织，其中很重要的一环是在教学过程中调控集中学生的注意力。在教学过程中，学生由于各种原因出现注意力分散是正常的，如果长时间这样肯定会影响教学效果，甚至破坏教学秩序，致使教学无法正常进行。因此，教师在教学中要时时留意学生的表现和举动，及时调控学生的注意力，才能保证教学的顺利进行。可以尝试使用以下方法调控学生，使其课堂注意力保持集中状态：

（一）变化声音调控

变化声音调控是指老师通过变化讲话的语调、音量、节奏、速度等，来引起学生的注意。如果音乐课堂上教师正在组织学生听赏音乐，发现有学生注意力分散时，可突然调小或调大音乐的声音来引起学生的注意。同样，如果老师正在弹琴，发现有的学生唱歌不认真了，也可以采用突然增大或减弱钢琴音量的方法来引起学生的注意。学生一旦敏锐地听见钢琴的声音突然变小或变大，他们会马上察觉，并能约束自己的行为，继续认真上课。可见，课堂上老师语言抑扬顿挫的变化以及音乐声、钢琴声的变化都能有效提醒学生集中注意力。

（二）随时抽查调控

课堂教学的抽查对调节学生的注意力有特殊的作用。抽查的形式可以多种多样且可富有情趣，教师演唱某段学生熟悉的歌曲乐谱，唱到某一音符时指名学生接龙演唱，唱到结束音的时候点到谁就是谁接受抽查，或回答问题，或唱歌词，或唱曲谱等。老师在唱乐谱时，所有学生的注意力一下集中了，他们一边竖着耳朵听老师唱乐谱，一边用双眼注视着老师的手势，看最后点到了哪位同学，然后乐呵呵地甚至带点“幸灾乐祸”的心理来听这位同学演唱或表演。这种课堂即时的抽查有很多好处，一是老师可随时了解学生学习的情况，二是老师在唱乐谱指名接龙的时候，可让学生集中注意力，同时认真聆听老师的演唱。对于低年级学生来说，这是一个学习歌曲乐谱的好方法。另外，这样的形式还能锻炼学生的胆量，让他们敢于在众人面前表现自己。

（三）偶尔停顿调控

教师在教学过程中，如果发现有些学生注意力转移了，或做小动作，或和旁边的同学讲悄悄话等，教师可以采用突然的停顿，声音戛然而止，并用眼睛注视这些注意力涣散的学生。课堂的喧闹中突然出现了老师瞬间的寂静，学生会因为老师的突然停止说话而感到意外，会停下动作，注意老师的变化，而认识到自己的错误并改正过来。

（四）眼神表情调控

教师的眼神和面部表情甚至肢体语言的变化，也可以起到调控学生注意力的作用。教师与学生目光的接触可以表达老师对学生的暗示、警告和提示，也可以表达期待、鼓励、探询等情感。例如，教师在上课时发现有学生不认真了，就可以结合“停顿调控”，同时运用眼神，盯着这个或几个学生，用眼神提示、警告他们，这些学生得到老师的眼神信息后，自然就收敛了。当这些学生表现好了之后，老师不失时机地用赞扬的眼神望望他们，给他们鼓励、肯定。学生感受到了老师的关注和肯定，会更加有兴趣地、认真地上课。“老师的眼睛会说话”，往往能收到“此时无声胜有声”的效果，达到师生心有灵犀一点通的境界。同样，教师的肢体语言对教学语言的表达起着一定的配合、修饰、补充、加深等辅助作用，可以使教师的表情达意更准确、丰富，易于学生接受和理解。教师鼓励的语言和眼神能增加学生参与歌唱和表演的信心，优美的体态和恰当的音乐律动能让学生觉得这是一种美的享受，使学生产生情感共鸣，从而对音乐课产生浓厚兴趣，组织教学自然就好开展了。

三、用精彩的课堂吸引学生

在常规的音乐教学中，经常有教师埋怨小学低年级音乐课不好组织，学生注意力太容易分散，难以达到教学目标。其实学生上课注意力分散，虽然有学生本身的原因或者外部客观因素的存在，但更重要的原因还在于教师本身。如果教师没有精心备课，教学形式单一枯燥，课上得松松垮垮、漫无边际，动不动就发火，甚至指责批评学生，在这样的课堂上学生当然会毫无兴趣，分心是必然的。

教师应在教学设计上多花心思，用精彩的课堂吸引学生。苏联教育家瓦西里·亚历山德罗维奇·苏霍姆林斯基曾说过："一个好的教师应当是用他的终生来备课的。"备好课就是精彩课堂的前提，是提高课堂教学效率的准备，是对教材、教法、学法的充分研究和优化。老师在教学过程中选择什么信息，通过何种形式传播，以及如何组织教学都必须经过精心、完整的教学设计。教学安排紧凑，活动形式多样，加上老师音乐基本功好，语言又风趣，这样的课就能深深吸引学生，他们会积极参与到教学活动中来。

教师要用精彩的课堂吸引学生，从宏观上控制课堂教学的节奏和步伐，减少课堂教学的随意性，在教学上带领学生快乐地学习，做到既有效实施组织教学，又增强课堂教学的实效性。

四、关注班上调皮的学生

每个班级或许都会有几个特别调皮的学生，调皮学生之所以调皮，其实是更在意老师是否关注他。老师一个赞许的微笑，一个惊喜的眼神，足以激荡起他们心中愉悦的涟漪，适时地给他们一个充满爱意的目光，可以让学生收获一脸的灿烂。竖起大拇指，夸张地伸伸手，摸摸调皮学生的头，或轻拍一下他的肩膀……一个小小的动作，都会令学生内心感到无比高兴。

在整个低年级的音乐教学活动中，组织教学起到非常重要的作用，如何有效实施组织教学，需要我们不断地进行实践和探索。在轻松愉快的音乐课堂里，教师要注意学生生理和心理的特点，了解他们的思维方式，尊重他们的个体差异，及时发现他们的亮点，做到“因材施教”。组织教学成功了，音乐教学也就成功了一半。在音乐课堂里，只有组织和引领学生享受音乐、体验快乐，教师也才能获得成功的喜悦，享受教育与教学的快乐。

第三节 正确评价学生的音乐学习成绩

从当前中小学音乐课程教学实施情况来看，教师对学生音乐学习成绩评价的方式与方法尚存在诸多问题。主要表现有：评价方法单一，重视终结性评价，忽视形成性评价；强调试卷化的定量测评，忽视文字描述的定性测评；采用教师针对学生的师评方式较多，忽视学生的自评和互评。这种自上而下的评价方式让学生处于被动地位，评价过程中缺乏交流和理解，从而会导致出现一些不好的后果。

如何在音乐教学中将多种评价方式有机地结合，更加科学全面地评价学生的音乐学习成绩，我们可从以下几方面加以改进和完善：

一、形成性评价与终结性评价相结合

形成性评价是对学生在音乐学习过程中其情感、态度、方法、知识、技能发展变化的评价，是对学习过程进行评估和评判的一种事中评价。在日常音乐教学中可采用观察、谈话、提问、讨论、演唱、演奏等方式，多渠道收集、综合和分析学生日常学习的信息，了解学生的知识、能力、兴趣和需求，着眼于学生潜力的发展。形成性评价给予了学生极大的发展空间，它有利于培养学生学习的兴趣，增强其音乐学习的动机和自信心。同时也能促使教师全面、深入和细致地总结教学经验和教训，从而找出改进教学方法、提高教学质量的途径。

形成性评价与终结性评价的区别体现在：形成性评价能及时地发现问题，终结性评价在学习完成后进行；形成性评价定期进行，终结性评价在一段较长时间后测查最终结果；形成性评价能反映学生个人的进步，终结性评价可用于不同学生成绩间的比较；形成性评价测查的是一个单元的学习，终结性评价测查的是几个单元的学习。因此，教师在学生音乐学习评价的方法上应改变单一的终结性评价模式，注重形成性评价，采取多元化的评价方式将形成性评价与终结性评价交替使用，结合使用。最大限度地开发学生的潜能，培养学生的兴趣，全面综合地评价学生的音乐学习。

二、定量评价与定性评价相结合

定量评价具有比较准确、便于实施等优点，如根据需要和可能，可以对学生的音乐能力或音乐学习水平进行定量评价，可以获得每个学生的音乐学习的等级或分值。对音乐课堂评价，同样可以采用定量的方法，采用课堂评价方案，按照分项的权重进行分值的计算，以获得各个评价项目的数据，并评出相应的等级或分值。不过，学生在音乐课堂上的个性化的表现，并非都是可以用数据准确度量的。

定性评价是一种描述性的质的评价。它强调观察、分析、归纳与描述的方法，关注学生质的发展，关注学生的长期发展，关注学生发展的需求，关注学生发展中富有个性的学习，关注学生发展中的个人尊严，还关注教育结果与教育目标之间的一致性。定性评价强调对学生的优缺点进行系统的调查，并对个体独特性作出质的分析与解释，是具有实质性内容的一种评价机制。其主要适用于学生在音乐学习中情感、态度与价值观，过程与方法，以及知识与技能维度，难以具体量化的一些内容。例如，学生对音乐的兴趣爱好、情感反应，对实践活动的参与及与他人的合作交流，听赏感知，集体合作完成的演唱演奏及编创活动等，可以用较为准确的评述性文字进行定性评价。不足之处是，定性评价有时使评价结果模糊笼统，弹性较大，难以精确把握。

综上所述，应该把定性评价与定量评价结合起来，把测评数据与师生的反映评价结合起来，使评价更加科学、真实、准确。

三、自评、互评、他评相结合

在评价过程中，教师要调动学生参与评价的积极性，让全体学生都参与进来。学生和学生的评价，更贴近他们的生活，语言是儿童化的，富有情趣。另外，学生的评价，是相互尊重、倾听、合作、促进的过程，有利于形成民主的氛围。有时在评议中发生争议和冲突，教师可抓住机会，引导学生客观公正地评价自己和他人，让学生从小懂得赞美与欣赏别人，学会宽容，学会发现别人身上的闪光点。还要注意让学生自我评价，通过自我激励，促进发展，形成健全人格。教师要尽量把评价权利还给学生，多倾听学生的意见，指导学生学会自我评价。

学生的自评以描述性评价为主，重点应放在自我发展的纵向比较上，可运用“音乐成长记录册”的形式记载学生的自评，从不同阶段的回顾和比较中看到自己的进步。同学间的互评可采用分组演唱演奏会、音乐才艺或创意展示等形式，在观摩交流中相互点评。教师对学生在不同学习阶段“音乐成长记录册”上的评语，以及通过音乐聆听分辨、现场演唱演奏等形式所做的评价，都是十分有效的。

第四节 适当开展学生的课外音乐活动

课外音乐活动一般分为以下几种形式：一是校级、班级群众性课外音乐活动，它包括群众性的歌咏活动，如“每周一歌”的教唱、班级或年级歌咏比赛等，还包括综合性的音乐比赛或艺术表演活动，如独唱、独奏比赛，学校艺术节等大型音乐表演活动。二是校内音乐社团，如合唱队、乐队、舞蹈队等。三是兴趣小组，如独奏、独唱、重唱、重奏、戏曲、说唱、指挥、创作、乐器制作等。四是其他课外音乐宣传活动，如学校音乐广播、电视节目、校园音乐刊物、音乐墙报等。为了能富有成效地把音乐课外活动开展起来，在指导和组织音乐课外活动时，应努力做到以下几点：

一、制订课外音乐活动计划

制订学校音乐兴趣小组的活动方案，一般应包括以下基本内容与步骤：

（一）确定小组名称和人员编制

明确组建各种类型的音乐课外活动小组，并在学生自愿报名的基础上确定成员，每个兴趣小组的人数根据活动的内容而定。例如，合唱队、舞蹈队、器乐队可定 20—30 人，课本剧社、学生话剧社的人数可适当少一些，10—15 人就足够了。在招收各个兴趣小组的人员时，主要看报名者对该活动是否有比较稳定的兴趣，然后再考查报名者本身所具备的素质。

（二）确定活动时间和地点

由于兴趣小组丰富多彩，而学生的课余时间是有限的，有的学生想要参加两个兴趣小组，学校就应该对各个小组的活动时间和活动场地进行统筹安排，避免出现时间和地点的冲突。例如，有的学校只有一间舞蹈教室，而舞蹈队和健美操队都要在这间教室进行活动，那么可以安排不同的时间或者相同时间的不同时段。这样，既可以充分利用活动场地，也可以让学生根据自己的精力、特长和兴趣爱好有选择地参加几项音乐课外活动小组。

（三）根据月份确定活动主题

学校的音乐课外活动除了每周进行的音乐兴趣活动小组以外，还可以根据月份安排班级性或全校性的主题音乐活动。

二、确定课外音乐活动的内容

学校的音乐教研组可根据本校的传统、师资情况、设备条件等，对学生素质现状进行分析，本着提高学生音乐素质的目的，确定活动内容。课外音乐活动主要包括三个方面的内容：一是音乐社团，二是音乐讲座和音乐会，三是音乐比赛活动。

（一）学校音乐社团的组织与排练（以合唱队与乐队为例）

合唱队的组织。小学低年级可建立小组合唱队，人数不要太多，10—15 人就可以了，以齐唱和简单的二声部演唱为主。小学中高年级可组建童声合唱团，人数可适当增加到 40—60 人，除了演唱二声部歌曲，还可演唱简单的多声部歌曲。中学生合唱团人数可根据情况而定，一般演唱四声部混声合唱。音色较明亮、柔美的队员安排在高声部，音色较丰满、圆润的队员安排在低声部。对于音色特点不明显，声音不够稳定的同学适宜安排在偏低的声部。各声部人数要按照一定比例划分，并根据情况适当调整。保证演唱时主旋律清晰、和声丰满、声部协调、音响平衡的声音效果。

合唱队的排练。首先向学生介绍作品，激发学生演唱的兴趣。如果有作品的音响资料，建议让学生多聆听，获得初步的整体印象，然后分声部轻声视唱旋律，直到各声部都能独立演唱为止。其次是练唱歌词，要求统一呼吸、吐字、咬字、力度、速度等。最后进行细致的艺术处理，提高艺术表现力。排练过程中，还可让学生进行自我评价，每个声部派出代表聆听自己的演唱，找出不足之处，获得进一步提高。

乐队的组织。乐队队员的选拔，招收乐队队员不仅要求学生掌握一种乐器的演奏技能，还要对学生的节奏感、视谱能力和音乐记忆能力进行检测，要全面了解学生的综合音乐能力。对乐队队员要以培养为主，注重对队员的个别练习指导，以使其能在较短的时间内掌握乐器的正确演奏方法，还要把个别练习与乐队的排练活动有机结合起来。乐队可以分为鼓号队、铜管乐队、民乐队、民族管弦乐队和小型管弦乐队。

乐队的排练。在练习时，由声部负责人召集，提出要求，组织练习。可以进行全曲的完整视奏，也可以根据乐曲的难易程度分句视奏。练习时可以先把乐曲的速度放慢演奏，等完全熟练以后再恢复原速练习。合成练习时，要注意各个声部在力度、速度、节奏上的统一，并要处理好旋律声部与其他声部之间的相互关系，达到合奏各声部之间的默契配合。

（二）音乐讲座与音乐会的组织

有效利用校园电视台和广播站开展音乐讲座、音乐故事会等活动。音乐讲座可以每周利用固定时间通过校园广播站或电视台向全体师生播放，讲座内容可以安排中外音乐史、著名的中外音乐家的故事、民族民间音乐赏析和经典的电影电视主题曲欣赏等。还可以根据音乐讲座举行有奖竞答活动，提高学生收听收看音乐讲座的兴趣和参与率。

校园音乐会的开展能给所有音乐社团的学生提供展示的舞台。各音乐社团可以单独举行专场音乐会，也可以几个社团联合起来举行综合音乐会。学校还可以加入其他课外活动小组的力量，如美术兴趣小组的学生可以创作设计音乐会宣传海报、入场券、邀请函等，摄影兴趣小组的学生可以负责整台音乐会的摄影、摄像工作。

（三）音乐比赛活动的组织（以歌咏比赛为例）

建立比赛活动领导机构。明确活动的目的、比赛曲目、确定要求、确定比赛日程等。建立评判小组，明确比赛评判内容、条件、评判标准、奖励办法。遴选落实评委，必须有代表性、权威性，力求评比客观公正。挑选与培训活动的主要成员，如指挥、伴奏、领唱等。深入班级具体帮助指导排练，可有效地利用音乐课堂进行训练辅导。慎重细致地做好比赛演出前的准备工作，如科学地安排节目顺序，以保证整台节目有吸引力，能形成演出高潮，达到育人的效果。还要布置好会场，钢琴、站台的摆放位置，音响、灯光、化妆、道具等，安排节目主持、舞台监督等人员分工等。有始有终地做好演出中及演出后的各项工作，如比赛后颁奖、比赛经验总结等。

三、确定活动的形式与方法

（一）活动要尊重学生的意愿

课外音乐活动与课堂音乐活动有着明显的区别。课堂音乐活动是教师根据教学内容来设计的，而课外音乐活动是学生根据自己的兴趣、爱好、特长，自愿报名参加的。俗话说“兴趣是最好的老师”，只有充分调动学生的兴趣，才能取得最佳效果。当然，有些学生的音乐素质很好，却没有参加兴趣小组。这时，音乐老师应关注这些学生，更好地挖掘他们的音乐才能，把他们吸纳到各个音乐兴趣小组，从而提高课外音乐活动的效率。

（二）活动形式要注意多样性

为了满足不同兴趣的学生对活动的要求，可以开展不同程度的辅导活动。一是普及性辅导活动，如音乐欣赏讲座、集体舞表演等；二是集体性辅导活动，如合唱队、舞蹈队、铜管乐队等；三是个别辅导活动，如独唱、独奏、独舞等。尽量做到个体与群体相结合，个别授课有利于因材施教，而群体学习则有利于交流和共同提高，还要遵循灵活性与实践性的原则。

四、建立指导老师定期培训制度

课外音乐活动的指导老师师资力量、指导水平直接影响课外音乐活动开展的效果。学校应有计划、有目标地选派指导老师参加各种相关的培训。有条件的学校，还可以聘请专家来学校举办讲座，进一步提高教师的指导水平。这样，采用“走出去”和“请进来”的方式，开阔音乐教师的专业视野，提升专业水平。

第四章 中小学唱歌教学

第一节 指导学生“唱好”歌曲

教学生唱会一首歌曲不难，但要指导学生“唱好”一首歌曲，通过“唱好”歌曲达到提升学生演唱表现能力的目标，就必须采取一些行之有效的演唱指导方法，并在教学中持之以恒地按照要求练唱才能达到。

一、教师范唱感染学生

教师好的范唱就是一种好的指导，一种只用唱不用说的指导。教师用声情并茂的演唱来感染学生，让学生感悟歌曲的情感，是学生学习和唱好歌曲的关键。模仿是小学生最明显的学习特性，老师唱得好、唱得美，学生会不由自主地模仿老师。所以“范唱”是每个音乐教师应具备的基本功。同样一首歌曲，有的人可以唱得很感人，而有的人唱得很平淡。唱得感人是因为歌唱者把握到了歌曲的情感，唱歌能以情动人。为此，教师在范唱前应对歌曲背景资料、思想感情、音乐要素、歌曲处理等提前把握，有足够的准备，才能更好地表现歌曲，才能用歌声打动学生、吸引学生，激发学生要把歌曲唱好的欲望和兴趣，为学生唱好歌曲树立榜样。

二、认真体会歌曲情感

歌唱是表达思想情感的高级形式，在教学过程中教师要始终重视情感的传递，使学生的歌唱是来自心灵深处的情感表达。其中，歌词是决定歌曲情感的重要因素之一，它是作者观察生活、表现生活的艺术结晶，集中反映了作者的生活态度和情感。细细品读歌词，理解歌词含义，体会歌曲情感，对于学生唱好一首歌来说非常重要。

在教唱歌曲时，老师还可适当讲解歌词，介绍歌曲的创作背景以及挖掘情感因素，促使学生从心灵深处理解歌词，从而唱出歌曲的情感。例如，在指导学生演唱聂耳的《卖报歌》时，可以故事的形式告诉学生：音乐家聂耳当年在上海认识了一个叫“小毛头”的报童，了解到他的生活十分艰难后，写下了这首《卖报歌》。让学生了解报童生活的艰难，进而产生同情，为接下来歌唱做好情感的铺垫。

三、关注歌曲的音乐表现特点

歌曲旋律是音乐形象的灵魂，老师在教学中要引导学生把握歌曲旋律的特点和美感因素。旋律进行中，往往会有节奏上的松和紧、速度上的快和慢、音量上的强和弱的对比，教学时教师如能充分挖掘歌曲中这些内在的因素，并引导学生表现出来，那么歌曲的艺术形象也就更加鲜明突出，学生唱起来就会陶醉其中，更富有韵味。

例如，教学《小鸟，小鸟》，这是一首二段体结构的歌曲，两个乐段中节奏和旋律对比的因素较多。在节奏上，第一乐段运用了较多八分休止符，紧凑而欢快，表现小鸟在树林、在田野、在草地、在湖边时而跳跃，时而飞翔的美好情景；第二乐段节奏舒展富于动感，表现小鸟在天空自由飞翔的快乐情景。在旋律上，第一乐段旋律欢快跳跃，在中低音区以“级进”为主；第二乐段旋律活泼流畅，一开始出现了六度的大跳，情绪上扬，是歌曲的高潮部分。在指导学生演唱第一乐段时，用欢快活泼的情绪来唱，声音轻巧、跳跃，注意唱好休止符，力度稍弱点，表现小鸟在树林、在田野轻快跳跃的形象。第二乐段则用流畅圆润、富于激情的声音表现小鸟自由自在地飞翔，力度稍强，与第一乐段形成鲜明的对比。在演唱时，还可以引导学生更细致地进行情感处理。

四、把握歌曲的演唱风格特点

教师要了解不同地域、不同民族的歌曲风格特征，在教学中应该引导学生表达出这些特质。我国地域辽阔，民歌的种类和特点极其丰富，它们随着地区性而逐渐出现差异，地区相隔越远，民歌的风格音调差距越大。江南小曲表现出来的是柔美、婉转的江南风格，黄土高原的民歌高亢激越、荡气回肠。少数民族的民歌在这点上表现得更为突出，藏族民歌曲调悠扬辽阔，风格纯朴自然，在演唱时声音比较直，基本不加修饰，整个歌唱应该比较自然；新疆民歌有一类是歌舞性的，节奏欢快热烈，在演唱时声音要明亮轻巧；西南各民族的民歌旋律一般都清新优美，在演唱时声音应亮一些，要朴素、自然、大方。因此，我们在演唱时，需要结合不同的歌曲风格，运用科学的演唱方法，更准确地表现出歌曲各自的特点和风格。

五、力求做到咬字吐字准确

在歌唱中，我们要求字正腔圆，即唱腔要随字的变换而变化，以准确、清晰的咬字引导唱腔运行，行腔和咬字要求“腔随字走、字领腔行”。咬字力度的强弱要视歌曲的内容、风格和情感表达的需要而定。演唱情感细腻柔和、节奏舒缓委婉的歌曲时，字头发音部位的弹性和力度要稍弱一些。演唱情感激烈豪放、节奏较快、雄壮的歌曲时，字头发音部位的弹性要相应加强。在表现欢快歌曲时，要把拼音规律融入其中，如声母和韵母两个独立的结构单位互相拼合，在这样咬字吐字的基础上，才能把快节奏中的字和旋律唱清楚。歌唱抒情类歌曲时，咬字时要把韵头、韵腹、韵尾交代得非常清楚，这就要在拖腔过程中，不能急于归韵，过早地归韵就会出现沉重的鼻音，在快唱完字的韵尾处时再归韵，这样有利于歌唱声音的连贯和感情的充分表达，从而提高歌曲的完整性。

有的歌曲中既有需要咬字力度较弱的地方，又有需要咬字力度较强的地方，这时要灵活掌握，不可死板教条。无论咬字力度强、弱怎样变化，仍然要字字咬准，把每个字的各个音素都交代清楚，才能使人听清楚歌词，也就达到字正腔圆的目的。

总之，唱歌教学要让学生亲身体验并理解歌曲所包含的情感，把握歌曲的风格，能用较自然、美好的声音表现歌曲的情感，做到完整、准确地“唱好”歌曲，并逐渐形成良好的唱歌表现能力，最终达到“会唱”歌曲的终极目标。

第二节 循序渐进地开展课堂合唱教学

合唱教育是能用较少的经济投入使最多的学生参与的音乐活动方式，是一种经济、简便、最为普及的面向全体学生的音乐教育形式。

经过这么多年的合唱教学实践证明：只要我们注意教学手段，适度把握训练的难度，运用学生乐意接受的教材，由简到难，由浅入深，由一两个和弦音的训练开始，再进行小节、乐句的合唱训练，逐步形成合唱氛围，到了中高段进行合唱歌曲教学时，合唱技能就会自然衔接，教学效果就会水到渠成，训练就会行之有效。

一、合理运用和拓展教材，循序渐进开展合唱训练

童声可以分为 7—8 岁的童声前期和 9—12 岁的童声成熟期。其中处于童声前期的学生音乐听觉敏锐，模仿力强，音色的可塑性也强，处于最佳合唱前期训练的年龄。进行多声部听唱感知与和声听觉的训练，对学生今后的音乐实践是很有价值的。从教材内容的编排来看，合唱从简单的轮唱入手，并借助柯尔文手势稳定音高，然后以多声部节奏或填充式合唱过渡，在三、四年级开始正式的合唱，五、六年级不断增大力度，这种循序渐进的渗透方式既符合学生的心理和生理发展规律，又为合唱的正式介入打下良好的基础。

为了让学生的合唱意识更强，需要不断地强化巩固。仅仅依靠教材上的内容还远远不够，音乐教师还应多给学生听赏合唱的歌曲。另外，还可以利用教材上的一些简

单经典的歌曲进行改编。例如，歌曲《母鸡叫咯咯》演唱时可加入小鸡或母鸡有节奏的叫声；歌曲《小雨沙沙》加入“沙沙”的雨声；歌曲《两只老虎》等曲式比较规整的歌曲，则可以把它变成有趣的轮唱。

二、善于创设教学情境，注重培养学生合唱兴趣

情境教学法是指在教学过程中，教师有目的地引入或创设具有一定情绪色彩的、以形象为主体的生动具体的场景，以引起学生一定的态度体验，从而帮助学生理解教材，并使学生的心理机能得到发展的教学方法。在合唱教学时，根据歌词内容和音乐形象，创设生动的教学情境，将不同的声部想象成不同的角色，可以增强歌曲的感染力，激发学生学唱歌曲的兴趣。只要教师善于发挥想象，为多声部的学习创设合适的情境，而不是一遍一遍反复枯燥地教唱，学生对合唱的兴趣就会与日俱增。

合唱兴趣的培养，还可以从学生喜欢的一些广泛流行的歌曲入手。例如，适时适度地让学生聆听《吉祥三宝》等歌曲，边听边启发学生展开想象，分辨出不同角色的声音。通过欣赏，培养学生的听觉，体会和声的美感，体会合唱巨大的感染力与丰富的表现力，从而提高他们的兴趣。

三、充分利用器乐教学，逐步提高学生合唱能力

合唱教学最难解决的就是合起来的音准问题，经常分声部唱得好好的，一合起来就跑音跑调。从一年级开始就要先学习音高与唱名，节奏紧随其后。这样，在学生学习音乐的初始阶段就尽早地学习音高与唱名，建立音高概念，能使学生较早地顺利进入合唱训练。以唱名为依托，依赖有固定音高的乐器来帮助学习。在不断地听琴唱名的过程中，校正学生的音高音准，让学生逐步建立起音高概念。柯达伊音乐教学体系中的柯尔文手势是学习音高、唱名的辅助手段，是学生喜爱的、直观形象的学习方式。可以利用钢琴训练学生音乐的耳朵，同时弹奏两个声部的旋律，让他们细心聆听各声部的旋律，练唱时让学生唱第一声部，老师弹奏第二声部，或反之。在合唱时，钢琴

尽可能弹和声，或者轻轻跟着较弱的声部，否则就会出现向一个声部倒的现象。

简易乐器进课堂也有助于合唱教学。乐器一般都有稳定的音高，学习合唱时，可先让学生用乐器分声部演奏旋律，接着合奏，然后要求两个声部中一部分演奏，一部分演唱。大家互相聆听，演唱的同学尽量跟上乐器的音高，有乐器的辅助，音准问题就会迎刃而解。如果根据歌曲情绪的不同，用不同音色的乐器为不同声部伴奏，形成鲜明的对比，这样更能让学生容易听辨，声部的学习更容易。

当然，无论是钢琴还是简易乐器抑或是其他乐器，都只是合唱的辅助手段，最终目的都是稳定学生的音高音准。要想唱好，还是先要听好。所以“聆听”是合唱中极其重要的，既要聆听乐器的音色音准，还要聆听声部之间的和谐，多听多唱多记，坚持训练，便可逐步提高学生的合唱能力。

四、深入挖掘歌曲内涵，丰富学生情绪体验

在合唱教学中，很多老师过于强调声音的位置、气息，忽略挖掘歌曲的内涵，学生越唱越觉得枯燥无味，也难以达到理想的合唱效果。其实，很多时候，只要把歌曲的情绪处理好，学生的声音就自然而然地美了，合唱歌曲时的强弱快慢也就处理得恰到好处。合唱教学中，我们要启发学生学会处理、表现歌曲的情感。在理解的基础上，把歌曲的情感化为自己的心声，引导学生用心歌唱、用情歌唱，使他们在潜移默化中享受到美的愉悦，被音乐的情感所感动，与音乐浑然一体。

每首歌都有它的意境和音乐形象，作为音乐教师，只要善于挖掘，用情绪的表现来引导学生的歌声，一定会事半功倍，学生合唱的水平定会大大提高。合唱教学不是一朝一夕的事，需要我们润物细无声地渗透，需要我们不畏艰难地坚持，相信有我们的努力，一定会形成一个“人人唱好歌、会唱歌”的喜人局面。

第三节 突破识读乐谱的瓶颈

怎样突破识读乐谱教学的瓶颈呢？识读乐谱要从感性入手，深入浅出，逐步提高。不能像以前那样简单机械地训练，而是应该运用各种手段让枯燥的知识与技能的学习变得生动有趣起来。要突破识读乐谱教学的瓶颈，我们可以根据不同学段学生的不同学习特点和学习要求，采取相应的教学策略。

一、低年级识读乐谱教学重在激发兴趣

低年级学生是指小学一、二年级学生。低年级的学生具有好奇、好动、模仿力强、理解力差的特点。我们在进行识读乐谱的教学时要从趣味的、新颖的教学形式入手，创设情境，激发他们的兴趣，使他们爱玩好动的天性得以施展，让他们在愉悦的气氛中轻松地学到识谱知识，形成积极主动的学习态度，从而培养学生对识读乐谱的兴趣。

节奏是识谱的基础，也是低年级音乐教学最先进入，最重要的学习内容之一。所以，在识读乐谱的教学中，先从节奏入手，不仅对激发学生的兴趣是个很好的切入点，同时也是降低识读乐谱难度的途径之一。

设计形式多样的游戏，把音乐教学因素和游戏紧密结合起来，做到分散难点，让学生在玩中学、学中玩，帮助学生认识音符，识别音符的唱名和时值。

当前，很多学校还存在大班额现象，在识读乐谱的教学中，利用柯达伊手势指示学生唱准音符，往往比使用钢琴带唱的效果要好得多。例如，在学习音阶时，通过柯达伊手势，能够非常形象地让学生了解到音阶的走势和每个唱名的音高。运用柯达伊手势辅助教学，长期坚持下去，不仅能解决教学中的难点，同时对学生的音准、音高的把握也起到了非常重要的辅助作用。

二、中年级识读乐谱教学重在夯实基础

中年级学生是指小学三、四年级学生。中年级学生认识能力有所提高，上课时的注意力也能更集中，且已经具备一些识谱能力。可以从以下三方面着手进行识谱教学，以提高识谱教学效率，夯实基础。

（一）从熟悉的歌曲入手，降低识谱难度

在音乐学习中，越是熟悉的歌曲越能引起学生的共鸣。因此借助熟悉的歌曲来识读乐谱，不失为一个有效的途径。例如，歌曲《卖报歌》是学生耳熟能详的一首歌曲，学生本身对乐曲主旋律有了一种似曾相识的印象。教师先引导学生跟着乐曲轻轻哼唱，学会唱歌曲后，再指导学生唱乐曲的主旋律。这样不仅有利于学生识记音符的音高位置，降低识读歌谱的难度，而且学生普遍都有唱好乐谱的信心，更能引起学生的学习兴趣和热情。

（二）师生合作演唱，缓解识谱难度

在歌曲中遇到比较难唱的乐句，还可以采用师生合作的方法，化解识谱难点。例如，《我的家在日喀则》第二个乐句处在高音处，而且音的时值长，同时又加入了倚音、下滑音，增加了识谱的难度。采用师生合作的方法，学生唱第一乐句，第二乐句由老师唱，这样学生易于接受，一气呵成，不会在此卡住。适当地把简单部分交给学生完成，也会增加他们的识谱信心。

（三）通过多种途径，化解识谱难度

第一，模唱歌谱，熟悉旋律线。这个学段的学生对识谱有一些基础，为了降低难度，可以在完整地欣赏完歌曲范唱后，安排一个模唱歌谱的环节，用“lu”“la”等跟着老师的琴声模唱歌谱，这样既能让学生获得优美的头声，训练学生的气息，又能让学生熟悉歌曲旋律线走向、节奏舒缓密集，为接下来的识谱教学做好铺垫，可谓一举两得。

第二，比较乐句，找出异同。学唱歌谱时，可以通过引导学生进行比较，找出乐

句节奏、旋律上的异同点来突破难点。例如，遇到完全相同的乐句可以放在一起先练习；节奏完全相同的乐句比较它们的音高再唱；略有变化的乐句引导学生去发现、分解歌唱的难度。

第三，先攻难点，后整体识谱。有时候一首歌曲的曲谱不一定要从头到尾逐一教学，教师可以根据歌曲中的重难点有选择性地让学生学习其中几个有特点的乐句。例如，歌曲《放牦牛的小卓玛》结束句“呀啦嗦呀啦嗦，呀啦嗦呀啦嗦，歌声播撒着花香，伴着清风走天涯”极具西藏民歌特色，在教学过程中可以把这一句的歌谱先提出来练习。这样一来，既提高了学习效率，降低了难度，还不感觉乏味。

三、高年级识读乐谱教学重在运用提高

高年级学段的学生，生活范围和认知领域进一步扩展，体验感受与探索创造的活动能力增强。因此，教师要注意引导学生对音乐的整体感受，丰富教学曲目的体裁、形式，增加音乐创造活动的分量，以生动活泼的教学形式和艺术的魅力吸引学生。同时，结合学生特点，拓展音乐活动空间，让学生把所学知识在活动中得以巩固，从而提高识谱和运用乐谱的能力。

（一）利用创编，提高识谱能力

在识谱教学中，我们在安排活动时要尽可能地将主动权还给学生，尽可能发挥学生的创作能力，让学生在活动中体验当一名小小创作家的快乐。例如，旋律接龙的游戏，教师准备一组短小的旋律乐句，用一个固定的节奏型，教师先创编一条，然后让学生根据自己的感觉重新创编一条旋律，并一起学唱。这样，以听为先导，创编为手段，然后再让大家来听一听，唱一唱，不仅提高了学生的识谱能力，也大大调动了学生的学习积极性与主动性。总之，丰富的创编形式能让学生在快乐与自信中学习乐谱，可以收到意想不到的效果。

（二）结合器乐，强化识谱教学

乐器进课堂是识谱教学的最佳实践活动，学习器乐演奏的过程，同时也是识谱的

过程。通过口风琴或竖笛等乐器的吹奏，使学生不仅能正确地奏出乐谱中各种音符，还能通过反复的听音训练，使学生在多听中潜移默化地建立准确的音高概念，有效地增强识谱能力。同时还可以引导学生进行创造性的探索，探索节奏、音响、旋律等音乐基本要素的各种变化和重新组合。

总之，在识谱教学中，教师要针对中小学生求知欲强、可塑性强、理解力差、坚持性差的特点，由浅入深，由简入繁，循序渐进地制订教学计划，确定音乐教学进度中识谱的内容，有的放矢地进行识谱教学。只有遵循了学生的认知规律和心理特点，因材施教，多应用生动形象、直观可视的教学方法，充分运用讲、认、唱、听、记等教学手段，有效地调动学生识谱学习的主动性、积极性，引导学生积极参与，才能取得理想的识谱教学效果。

第四节 对变声期的学生进行声音训练

唱歌是学生最喜爱、最普及的一种愉悦身心的活动。不过，大部分学生都是凭着自己的一副嗓子扬脖高唱，或者用自己稚嫩的嗓音模仿成人们歇斯底里地叫喊，加上一些不良的饮食生活和作息习惯，严重损害了他们的发声器官——声带，造成了许多不良嗓音的出现。最常见的不良嗓音我们归纳有：白音、喉音和鼻音。

一、白音

（一）白音的成因

白音主要是嘴巴叫喊的声音，其特点是音量大，声音浅薄、干、紧，没有一点共鸣，越到高音越苍白。这种声音是没有色彩和表现力的。这是变声期中学生在歌唱时最容易出现的毛病，因为这个阶段的学生处于生理的快速成长时期，他们不能正确地运用气息进行发声，而是下腭和舌根用力、喉头用力，把舌头中部抬高，从而发出刺耳偏白的声音。

（二）白音的破解

解决“白音”首先不要急于发声，训练气息最关键。俗话说“气乃声之首”。使学生明白：我们日常说话的呼吸在口腔或胸腔，这时的呼吸比较浅；而唱歌的呼吸就不同了，比说话的呼吸更深一些，就是在胸部和腹部进行呼吸，运用这种呼吸方法而发出的声音是最动听和悦耳的。

1.闻花香练习

让学生体会闻花香的呼吸状态。此练习首先要求心保持平静、注意力集中，也可以闭上眼睛，将鼻腔打开，慢慢地把气吸入，从上而下，缓缓地吸入胸部、胃部、腹部，最后到了腰部（横膈膜），然后将气呼出。

2.狗喘气练习

启发学生充分体会狗在剧烈运动后的喘气练习，使他们感到胸、腹各腔体全打开；腹和膈肌随着气喘声有弹性地向外扩张。这个练习主要帮助学生掌握快速吸气，同时也锻炼了膈肌的支撑力量。做这个练习要全身放松，口腔和胸腔打开吸气。

3.吸气—静止—发“s”音练习

打开腔体的同时打开口和鼻吸气到腰部；气息有意地静止 3 秒钟，这时候腹腔打开呈吸气状态；舌尖轻放在上下牙齿中，发出轻声而均匀的“丝”声，随着“丝”声的延长，我们的横膈膜要逐渐保持肌肉的张力，这就能训练学生气息的控制能力。

二、喉音

喉音表现为喉咙里好像哽着什么东西，声音发硬、吐字不清、音色沉闷，喉音是变声期中学生歌唱时常见的一种毛病。有的学生为了模仿成人洪亮而宽厚的声音，有意地拉伸脖子和下巴或者紧压喉咙，整个口腔体肌肉处于僵硬状态，从而出现了硬、压的发声状态，导致气息不通畅。喉音对发声极为有害，长此下去，嗓音也必将损坏。

（一）了解喉头的最佳位置

学生可以摸着喉部体会，有三种喉头位置：高位置、中间位置和低位置。

高位置：如果把喉头往上提，没有良好的呼吸支撑，这时喉头位置高，声音就会发出挤和尖的声音，有时还会出现破音，这是不可取的声音位置。

中间位置：它是在我们保持静止（不发声音）的状况下的位置，这也不是我们需要的最佳位置。

低位置：歌唱前的深呼吸，使学生的喉头位置比中间位置（静止状态的位置）略低一点，同时也使各腔体充分打开，呼吸也容易通畅。因此，歌唱前的深呼吸喉头所处的位置（低位置）是学生歌唱的最佳喉头位置，要学生明白在发声及唱歌的过程中必须时刻保持这种稳定的呼吸状态和喉头位置。

（二）获得理想的喉头位置

最常见的方法就是要学生利用“打哈欠”和“叹气”的状态进行练习。这时，喉头自然放下，下颚和舌根也随之放松，咽腔和其他腔体已经扩张，这时能体会到气息上下通畅的感觉，气息饱满而平稳。在教学中，让学生眉毛扬起、眼睛展开，口腔和鼻腔要尽量打开，软腭上提，开始吸气，这时候在咽喉腔中有一丝凉的感觉，这就是最理想的喉头位置。然后，慢慢地吸入，一直保持凉的感觉，直到吸满为止。教师可以引导学生想象用“吹气球”的感觉进行练习，使肺部和腰部慢慢地扩张，达到理想效果。

三、鼻音

（一）鼻音形成的原因

鼻音是从鼻子里面闷出来的声音，此声音音色灰暗，没有光彩。鼻音归纳起来主要有两种：第一种，有的学生为了使自己声音集中，在不打开口腔的同时有意无意将声音往鼻子里灌，从而导致鼻音。第二种，口腔没有打开，歌唱时软腭无力下塌，舌的中部用力抬高，使喉咙管堵塞，声音便从软腭流入鼻腔，从而形成鼻音。

（二）解决鼻音问题的方法

1.避免用鼻韵母的字练唱

例如，安（an）、嗯（en）、昂（ang）、妈（ma）、咪（mi）这些声母本身带有鼻音的成分。最好用“ya”字母练声，对解决鼻音有很好的帮助。注意提醒有鼻音的学生暂时不要进行哼鸣训练。

2.喷口音也是解决鼻音的好方法

喷口音在气息的支撑下，它的发音点和着力点都在口腔的前半处，教师应该指导学生多练喷口音。例如：波（bo）、坡（po）、呸（pei）、啪（pa）等双唇音，结合音高进行练习，从而有效解决鼻音问题。

形成鼻音主要的根源就是没有打开口腔体，许多学生在打开口腔这个环节中，口腔外部张得很大，而腔内没有打开。针对这种情况，教师应该指导学生进行打开口腔练习。可以利用一些生活中的事例启发他们，如一个山洞的洞口大而洞腹小（呈喇叭状），我们站在洞里喊“喂！”这喊声是没有回声的；如果这山洞洞口较小而洞腹大，我们站在洞里只要轻轻一声“喂！”就可以听到回声，这就是所说的共鸣。所以，我们的口腔就要像山洞一样。这样，学生就能意识和体会到腔体打开的重要性。指导学生用镜子观看自己的软腭处运动情况，探究在怎样的情况下，小舌头上提和下垂；软腭向上抬起撑开后像个圆形的小屋顶；上下牙是怎样拉开的。通过多次反复练习和体会，学生知道了用打哈欠的方法能很好地使口腔体打开：软腭提起、小舌头放平、舌尖轻轻地放在前齿内下面，舌头中部呈凹形状。这时的气息是通畅的、声音产生了共鸣，鼻音完全消失。

第五章 中小学音乐欣赏教学

第一节 有效进行音乐欣赏教学

中小学音乐欣赏教学，教师应该采取一些行之有效的教学手段与方式方法，帮助学生感知音乐作品的节奏、力度、速度、音色、和声，把握乐曲的结构和主题，体验音乐的情绪和情感。教师可以设计一些活动，把音乐欣赏审美体验融入学生参与的各种活动之中，最大限度地激发学生的音乐欣赏兴趣，提高音乐欣赏教学的效率。

一、了解学生的认知特点

了解不同年龄段学生的音乐学习心理特点，对具体的音乐教学活动有着重要的意义。在学习音乐的过程中，不同年龄阶段均表现出各具特色的心理特征，因此音乐教学内容的安排及音乐教学策略的选择，要根据学生的音乐学习的心理特征进行。

1—2 年级：应充分注意这一学段的学生以形象思维为主，好奇、好动、模仿力强的身心特点，善于利用学生自然的嗓音和灵巧的形体，教师宜采用歌、舞、图片、游戏相结合的综合手段，进行直观教学。聆听音乐的材料要短小有趣，形象鲜明。

3—6 年级：学生的生活范围和认知领域进一步扩展，体验感受与探索创造的活动能力增强。教师应注意引导学生对音乐的整体感受，丰富教学曲目的体裁、形式，增加乐器演奏及音乐创造活动的分量，以生动活泼的教学形式和艺术的魅力吸引学生。

7—9 年级：学生生理、心理日趋成熟，参与的意识和交往的愿望增强，获得知识和信息的途径增多，在学习上形成自己的初步经验，表达情感的方式与 1—6 年级学生相比有明显变化。教师应通过多种形式的艺术实践活动，巩固和提高表现音乐的基本技能。扩大音乐欣赏的范围，有意识地将音乐的人文内涵融入教学中。

音乐教师在具体的教学活动中，应该根据各年龄段的中小学生的身心特点，结合感受与欣赏教学的教学内容，选择合适的教学方法，对学生进行有效的音乐感受与鉴赏教学。

二、知晓音乐欣赏的三个阶段

第一阶段，把握音乐感觉阶段。欣赏音乐不需要任何方式的思考，直接从音乐音响中获得一种愉悦。像有些音乐会使人立即兴奋或松弛，有时会使人狂怒，有时会像微风一样轻拂我们。这样的感受来自这些音响本身的愉悦感觉，并且单凭这种感染力就把我们带到一种无意识然而又有魅力的心境中去，所获得的情感体验是一种直接的体验，无须经过一个理解与认识的过程。

第二阶段，感受音乐表现力阶段。就是懂得音乐的各种要素和它们的变化，以及它们所表现的内容。我们以观看戏剧演出打比方，对于舞台上表演的内容能够看懂，看到可笑的地方就笑，看到悲伤的地方就落泪，懂得剧情变化。

第三阶段，纯理解音乐阶段。不但要理解音乐的构成，而且能够理解作曲者的意图等。还以观看戏剧表演作比方，不但理解舞台上表演的剧情，而且懂得作者通过该剧所要表达的意图。

以上把音乐欣赏分为三个阶段，有老师可能认为低年级阶段会以第一阶段为主，但实际上这三个阶段并不是孤立存在于欣赏过程中的，而总是交织在具体音乐欣赏之中的。

中小学音乐欣赏教学需要根据这三个不同的阶段，选择适当的音乐曲目和使用恰当的教学方法，从而达到有效的鉴赏教学效果。

三、把握音乐欣赏的教学方法

（一）营造欣赏情境，激发欣赏兴趣

由于音乐具有形象性、情感性等特点，在教学活动中，教师应根据教学内容和学生的身心特点，将情、言、行融为一体，创设一种可以让学生听、视、感、触的环境氛围。通过学生视觉、听觉等多通道的协同活动，借助情境和具体生动的形象，营造与教学内容相应的课堂氛围和情境，使学生积极主动地参与音乐感受与鉴赏教学活动。

例如，教学《传统是条河》，有一个教学环节是古乐器埙独奏的欣赏。学生对于古乐器埙比较陌生，教师便将埙带到课堂上，让学生观察它的形制，了解它的构造，并请学生自己尝试吹奏。这样就拉近了学生与古乐器之间的距离，加深了学生对乐器、乐曲的印象和记忆。

根据教学内容和题材的不同，情境的创设也应该是千变万化、多姿多彩的。在一堂课的教学中，教师可以根据自己的特长，根据上课的需要来选择不同的情境创设方法，其目的都是围绕教学内容，激发学生的学习兴趣，培养和提高学生的音乐感受与鉴赏能力。

（二）重视参与表现，加深欣赏体验

音乐欣赏的过程就是感情体验的过程，它是欣赏者对音乐的感情内涵进行体验的过程，也是欣赏者自己的情感和音乐所表现的情感相互交融的过程，它整合了个体在听觉、视觉、动作、认知和感性等方面的运作。要让学生获得情感深刻体验，教师必须强调学生的参与性与活动性，在实践中进行认知、参与、强化、反馈、分析、评价，使学生对音乐作品的情感有更深层次的感受和理解。

一是思维参与。欣赏音乐作品时，一定要抓住作品中的一两个“焦点”问题来引导学生欣赏。焦点问题是根据教学目标而设计的问题，它能引导学生带着问题去进行音乐的体验、感受和学习。教师每设计一个“焦点”或“问题”，就是一个教学活动的开始，而每一个问题的设计都体现了教师本身的音乐专业素养、对音乐的理解水平，体现了教师对音乐教育教学理念的领悟程度，这些问题体现的就是教学的过程与方法。一个一个的“焦点”或“问题”就形成了音乐欣赏教学的主线。

二是动作表现。据有关研究认为：具有一定艺术修养的成人，在欣赏艺术时，可以通过无外显行为的内部操作来设置期待和获取期待的满足，而缺少艺术经验的儿童只能更多地通过可见的外部操作来产生期待和追求期待的满足。所以，对于活泼好动的中小学生来说，尤其是小学生来说，多设计适当的动作，引导参与表现是一种较好的体验音乐的方式。

三是图文表达。将听音乐的感受用文字或图画表达出来，或将乐曲标以相应标题，也能加深学生对音乐的体验和感受。用图画表现并不是要求学生一定要画出具体的物体，而是从听引发感觉，产生形象，以简单的线条、色彩、直觉的反应表现音乐，让学生根据自己对音乐的理解创造性地画出适合音乐情感的线条、图像、色块、简笔画。而用文字表达自己对音乐的感受或给音乐设计小标题时，也无须相同，学生能用文字或标题，表达出自己的真实体验，并能说出自己的想法就行了。

（三）关注学科综合，丰富欣赏内涵

学科综合教学方法强调的是以音乐学科为主体的综合，为此选准综合的切入点就是实施学科综合教学方法的关键。在音乐感受与鉴赏教学内容和活动的组织中，教师应该围绕某个教学重点，将其他艺术表现形式以及与教学内容有着密切联系的其他学科知识，有效地渗透和运用到音乐欣赏教学中。通过具体的音乐材料构建起与其他艺术门类及其他学科的联系，以帮助学生更直观地理解音乐的意义及其在人类艺术活动中的价值。

例如，欣赏马思聪的小提琴独奏曲《思乡曲》，教师可让学生交流自己熟悉的关于“思乡”主题的音乐作品；让学生朗诵几首“乡愁”主题的诗歌或散文；请学生在风格各异的几个音乐片段中选出合适的音乐为诗歌和散文配乐等。这些教学活动的设计与运用都有效地体现了学科综合的教学理念与方法。

“教学有法，但无定法，贵在得法。”也就是说，不存在能实现各种教学目标的最佳教学方法，没有任何单一的教学方法，能够用于所有的音乐感受与鉴赏教学情况。以上教学方法在实际运用中并不是单一化的，而是交叉、渗透、综合的，也不是一成不变的，而是不断发展的。所以，有效的教学需要有可供选择的方法来达到不同的教学目标，而且需要不断予以相应的监控、调节和创新。总之，教学方法的选择是以取得最理想的教学效果为最终目的。

第二节 合理安排学生参与活动

音乐是音响的艺术，一切情感体验，都必须在学生亲身参与感受的过程中获得直接的经验。音乐欣赏要体现学生的主动性和能动性，学生必须亲身参与、乐于参与。使学生同教师保持平等的身份主动参与教学活动，并在课堂中始终保持主体性和积极性。教学中活动设计的具体方法千姿百态，但总而言之，是要以学生为主体，以“活动”为载体，不求形式，只讲实效。因此，面向全体学生，调动他们学习的积极性，使他们主动参与一切音乐活动是现代音乐教育的基本原则。如何在课堂中让学生参与教学活动是个值得探讨的问题，学生只有充分地参与课堂教学活动，通过课堂实践才能更好地体验音乐。

一、以学生为主体，营造轻松氛围，创设良好的音乐环境

良好的音乐环境可以激发学生对音乐实践的兴趣，产生学习音乐的动力。我们在教学中应该结合教材进行“情境”教学，使学生置身于教学所需的意境中，结合情感体验，产生情感共鸣，激发学生去品尝、去咀嚼、去接触音乐作品中的第一手材料，去亲身参与音乐实践活动，在愉悦的氛围中提高学生的审美能力。

例如，在《世界民族之声》教学中，教师根据教材内容，特意将音乐教室重新布置，将周围的墙上贴满各国风光的图片，主题定为“走进世界民族之声”。当学生一走进课堂，就被一幅幅图片深深吸引，非常好奇，激发了学生学习音乐的兴趣。在欣赏教学过程中，先让学生聆听各国音乐，以学习小组为单位选择自己所喜欢的国家，并以此命名小组名称，让学生在自主选择中参与活动。在这一创作活动中，我们的音乐教室就像是一个介绍旅游景点的发布会，同学们都争先恐后地介绍自己所选择的国家的音乐作品或舞蹈。另外，还可提供一些音乐素材、乐器和服饰来供学生选择，学生运用各种道具或肢体语言并结合音乐的主题来参与表演。使整节课都在以学生为主体的前提下，在轻松愉快的气氛中进行，学生在互相交流中感受、体验各国的音乐文化。

二、以兴趣为主导，师生互动，激发学生热情参与

唤起学生的学习兴趣，是调动学生学习的积极性和主动性的重要前提。音乐的教育性应与审美的愉悦性紧密结合，在中学阶段虽然仍可以适当地采用游戏、竞赛等形式，但更主要的是靠精心选择的内容和新颖变化的教学方法来激发学生的学习兴趣。在每堂课中，采用简单而又富有趣味的声势律动导入，让学生在动态中感受旋律的起伏及鲜明的节奏，强弱有序的力度与情感变动，这样既有利于激发学生的学习兴趣，更可以活跃课堂气氛，让每位学生都能在轻松的气氛中自由参与、感受音乐、表现音乐。

例如，为了让学生了解印度尼西亚音乐，吴老师设计了《体验甘美兰》一课。单一地欣赏印度尼西亚音乐可能会比较枯燥，学生记不住音乐的特色，看一遍也可能只是过眼烟云。为了让学生感受并牢记印度尼西亚音乐的特色，吴老师把了解甘美兰音乐作为这一课的突破口，借鉴奥尔夫教学方式，从唱歌曲《鹦鹉》到自制打击乐器演奏，然后用乐器为歌曲伴奏，整个课堂学生在唱、奏、听、看中体验到甘美兰音乐的乐趣和特点。

三、创设开放式课堂，动静转换，引导学生主动参与

在音乐教育中强调结合学生已有的生活经验，从节奏入手，以语言、动作、舞蹈、表演、音乐游戏等方式训练学生的音乐节奏感，引导学生用自己身体的动作去解释和再现音乐。这样的方法好在以极其自然、巧妙的方式将学生引进音乐的殿堂，激发起学生学习音乐的浓厚兴趣，使他们对音乐着迷。我们要把“动”引到音乐课堂上来，要鼓励学生动起来，从集体到个人，从局部到全身随音乐而动，从中体验音乐的美。

例如，在欣赏《瑶族舞曲》第二部分主题时，要求学生认真感受第二部分的主题，分六个小组相互讨论并谈感受，同时以各自的方式表现音乐（用表情、手势、动作等）。欣赏完音乐后，每组都不甘落后，既分别说出了自己的感受，又增添了很多个性化的见解：“我们组认为这一部分主题速度较慢，力度较弱，旋律悠扬，让人听后感觉悠闲自如，心情舒畅。”另一位同学说：“我们组听出来这一部分是以木管乐器独奏为主，

音调统一，音色清晰、悦耳，让人陶醉其中。”虽然这些说法有时会大同小异，但它是学生自己独立感受的结果，是开放课堂产生的效果。

四、重体验，轻讲解，带动学生全面参与

同年龄段的中小学生在生理、心理发展上具有某些共同的特征，由于社会环境、家庭条件、教育状况、个人天赋，接受教育的主观能动性不尽相同，每个学生又存在着发展的差异。苏霍姆林斯基有一句名言：“每个学生都有独一无二的个性，没有两个像两滴水那么相似的儿童。”因此，音乐教学过程要注意哪怕是再微小的不同，也不能千篇一律，搞一刀切，要根据不同特点因材施教，承认差异，扬长避短。从某种意义上来说，音乐是不能“教”的，音乐的非语义性与不确定性决定了其教学机制主要不是依靠讲授和诠释的方式来进行的。在音乐欣赏课中必须重视体验式的教学法，让学生在参与体验中，感受到音乐情绪带给自己的影响，激发学生学习音乐的兴趣与调动学生参与活动的积极性。反之，以大量的语言去讲解音乐的特点、情感内涵、曲式结构等，哪怕教师讲得再精彩，语句修饰得再华丽，结果都会成为学生的耳边风。

例如，在进行“认识音乐体裁”一课的教学时，为了充分调动学生学习的积极性，教师让学生根据自己的特长，自由组合成学习小组，分别展示几种歌曲体裁：颂歌、摇篮曲、圆舞曲、进行曲。一些爱好唱歌的学生用他们美妙的歌声，展示了颂歌体裁歌曲的风格特点；那些参加舞蹈队的同学随着圆舞曲的音乐翩翩起舞；还有一些参加过鼓号队、腰鼓队以及对打击乐器比较感兴趣的同学也聚集在一起，用各种各样的打击乐器为乐曲伴奏，充分体现了进行曲的那种雄壮、激昂、豪迈的特征。

新课程理念下的音乐课堂，不是教师自我展现才艺的舞台，而是以学生为主、师生共营的课堂。在教学中，教师应带领学生循序渐进，重在参与，重在过程。要以发展、激励、发现为指导思想，努力让学生在音乐课堂中得到快乐，产生学习音乐的兴趣，培养能力，陶冶性情，从而不断提高学生的审美能力。

第三节 巧妙设计音乐欣赏教学中的提问

提问，是我们在音乐欣赏教学中常用的教学方法。这看似简单、常规的教学方法却是值得我们在教学设计时仔细斟酌和不断推敲的。好的提问必将激活学生的思维，在不断探寻答案的过程中学生不但获得了知识、经验，同时也获得了能力的提升。

一、注意提问的有效性

什么是有效的提问？如果设计的提问学生完全不知道该怎么回答，这就是无效的；如果设计的提问学生想都不用想就知道怎么回答，这也是无效的。

教师提出的问题的本意只是为了导入授课的内容，并不需要学生的回答。这样的提问给人感觉很随意，所以出现了有的学生配合、有的学生不屑于回答、有的学生干脆与你唱反调等与教师设计意图相违背的情况。这样看来，这个提问是无效的。

许多老师在上课的时候不经意就提出诸如“好不好？行不行？”之类的问题，这些提问在小学阶段可能是比较符合学生年龄特点的，但在中学阶段这样的提问应该是我们杜绝或是尽量少提的。进入中学阶段学生的认知水平有了很大的提高，我们在设计提问的时候一定要认识这一点。有效的提问应该是能吸引注意、引发思考、触发讨论的，当然也可以是多解的。

音乐欣赏教学中有效提问的技巧应该是：紧紧围绕教学目标设计提问，让学生每一次聆听都有指向性，知道重点聆听的内容。例如，乐曲由哪些乐器主奏，说出演奏乐器出现的顺序，音乐主题出现了几次，说出音乐主题出现的顺序等。

二、提问具有一定艺术性

在生活中经常会有这样的感受，“换一个角度，会有不一样的惊喜！”其实课堂教学中的提问也是如此。同样的教学内容，当我们换一个角度来切入的话，会产生完全不同的效果，其实这就取决于我们提问的艺术性。

虽然歌曲好听，整堂课紧扣主题，也没有知识性的错误，但为什么音乐课并没有打动学生，没有打动听课的老师们，甚至没有感动授课教师自己呢？问题就出在老师千篇一律地提问："听了这段音乐有什么感受啊？"其实就歌曲欣赏而言，初中学生凭借他们的音乐学习的经验和语文学习的经验，足以判断出歌曲要表达的情绪。如果我们还总将问题停留在这个阶段，又怎能引起他们的兴趣、引导他们深入理解、期待他们产生共鸣呢？

在音乐欣赏教学中教师首要任务是多聆听与学生分享的音乐，找出音乐的表现特点，设计一些适合学生认知特点的"焦点"问题，在一次次聆听乐曲中将问题分层抛出，层层深入，让学生的思维跟随音乐一起流动。

例如：一位教师在讲解音乐抒情诗《中国，我可爱的母亲》中的《救救母亲》这一乐章时，提问："这段音乐表现了什么样的情绪？"这个问题很常规，看似并没有什么问题。可是每次上课，不管是学习进度快的学生还是学习进度慢一些的学生的回答都不令人满意。经过思考，教师觉得问题出在了提问上。于是她换了一种方式来提问："如果让你用一种颜色来表达你从这段音乐中所感受到的情绪，你会选哪种颜色呢？"一下子，课堂活跃了起来，有的同学说红色，红色代表的是想要拯救母亲的孩子沸腾的血液；有的同学说灰色，灰色代表着战争阴云笼罩下的中国；有的说是黑色，黑色代表当时的中国一片黑暗……原来学生的感受那么的丰富，不管是我们认为的进度"快"的学生，还是我们认为的进度"慢"的学生，都能产生同样的共鸣，一种和作者类似的情感上的共鸣。

三、调动学生的多种感官

在心理学上有一种心理现象叫"联觉"，如两块糖摆在我们面前，一块薄荷糖，一块酥糖，如果把它们和我们的听觉联系起来的话，我们会觉得薄荷糖像高音，酥糖像低音。这种由味觉向听觉的联想，就是我们所说的"联觉"，也是音乐能够表现视觉、情绪等非听觉性内容的原因。我们在音乐课堂教学的过程中就是要充分调动起学生的

“联觉”，这样才能引导学生展开丰富的联想和想象。这就要求我们在设计提问的时候要充分考虑所提的问题是否能更加多元地触及学生的感官，引发学生的“联觉”。例如，我们在讲管弦乐器的音色中，把小提琴比作孩子、中提琴比作妈妈、大提琴比作爸爸、低音大提琴比作爷爷，这就是一种“联觉”。“联觉”在音乐欣赏中经常能起到意想不到的效果。

四、把握提问的时机

在课堂教学的过程中会提出各种各样的问题，这些问题有时是引发性的、有时是设悬性的、有时是概括性的、有时是拓展性的……那么我们究竟在什么时候提出问题才最恰当呢？音乐欣赏教学中普遍存在的问题是学生在听赏音乐中注意力难持久，不能做到认真聆听音乐。因此，要让学生知道“听什么”，才能吸引他们对音乐的注意力，做到认真聆听、有效聆听，也才能较好地达成音乐欣赏教学的目标。

在课堂教学中的提问并不是一定要得出答案的，如设悬性的提问，很多时候这类提问是为了激起学生往下学习的兴趣，吊起学生学习的“胃口”；还有拓展性的提问，这类提问很多时候是为了引发学生对问题的深入思考等。

一节优质的课，一定是由一些优质的问题组成的；一个优质的问题，一定能引发学生的思索；而思索，就是我们课堂教学的本质所在。怎样设计音乐课堂教学的提问是值得我们每个音乐教师在每次教学设计时着力思考的部分，只要意识到设计提问的重要性，我们的音乐课堂教学才会产生质的飞跃。

第四节 渗透音乐与相关文化的教学

20世纪末到21世纪初，学科综合成为基础教育各门类艺术课程改革与发展的热点问题。教师应全面了解和掌握音乐教学各领域的内容要求及其相互联系，并在教学中将其融合成有机整体，全面提高学生的素质。“感受与欣赏”“表现”“创作”都包含有“音乐与相关文化”，而“音乐与相关文化”也只有在音乐欣赏、音乐表现和音乐创造活动中才能真正得以体现。如何正确理解综合？如何运用恰当可行的教学方法和手段将“音乐与相关文化”渗透音乐教学的各个领域之中？这是我们在这里要研究和解决的问题。

一、在“感受与欣赏”领域中渗透“音乐与相关文化”的教学

感受与欣赏是整个音乐学习活动的基础，是培养学生音乐审美能力的有效途径。在中小学音乐教学中，“感受与欣赏”领域要求达到的目标为：培养和提高音乐感受的能力，培养音乐欣赏的能力，提高音乐评价鉴赏的能力，养成良好的音乐欣赏习惯。

音乐感受与欣赏教学是最有可能也是最有必要加强学科综合的教学领域，也是最具学科综合空间，最能体现音乐文化内涵的教学领域，它涉及美学、心理学、历史、人文地理乃至自然科学等多个学科。

在欣赏教学中除了借助音乐作品进行聆听、联想、想象、模仿、分析、比较外，适当利用其他艺术形式或艺术之外的相关学科知识进行辅助性欣赏，以进一步激发学生自觉愉快地学习，促其形成对音乐学习的浓厚兴趣与求知欲望。安静地聆听音乐只是音乐欣赏活动的重要方式之一。由于中小学生注意力不能持久，要提高学生听音乐的专注度，就必须重视参与音乐的欣赏形式。例如，德国黑森州小学音乐教学大纲中就专门提出，除听音乐以外，与音乐打交道的方式还有以下几种：在图画中用图画与音乐打交道，通过画画表达自己的想象，用图画将音乐的结构和元素表现出来；在身体律动中用身体律动与音乐打交道，律动游戏、情节表演、哑剧表演、舞蹈等。

我们来看这样一个课例：教师先在钢琴上弹出乐曲《月光》，请学生在纸上写出或者画出自己对音乐的印象。教室里静静的，只有教师的琴声在回荡。学生的即兴绘画让教师吃惊：弯弯的月亮、柳树的枝条……月色下的一叶扁舟……每一幅都不一样，

但大都有一种月色朦胧之感。学生所写的诗句有的引自唐诗，有的则是学生自己创作的新诗。接着老师请学生为所听的曲子命名，其中有一部分学生竟准确地说出了“月光”二字。

这堂充满了诗情画意的课使学生获得了美的享受，它美就美在教师巧妙地把音乐、画面、诗词三者融合在一起。不容忽视的是，这堂课还有意外收获，那就是让学生懂得了音符所表达的意境同样是可以用线条、色彩、诗句来描绘的。

二、在“表现”领域中渗透“音乐与相关文化”的教学

在音乐表现这项教学内容中，包含了“演唱”“演奏”“综合性艺术表演”以及“识读乐谱”四项内容。音乐表现是一个实践性很强的音乐学习领域，它是学习音乐的基础性内容，是培养学生音乐表现能力和审美能力的重要途径。在中小学音乐教学中，“音乐表现”领域要求达到的目标为：培养学生自信的演唱、演奏能力、综合性艺术表演能力，以及在发展音乐听觉基础上的读谱能力。通过音乐实践活动促进学生能够用音乐的形式表达个人的情感与他人沟通、融洽感情。

音乐教学各个领域之间是相互联系，相互渗透的，音乐技能和知识的学习也要建立在学生充分感受和体验的基础上。在音乐表现领域中渗透“音乐与相关文化”的教学最重要的方法就是让学生掌握通过音乐及相关艺术形式来表达自我情感的基本技能。如果教师缺乏整合教材的能力，音乐表现领域的教学很容易演变成纯粹的技术训练。因此，在音乐表现领域是切忌孤立地传授技能的，必须将各种表现形式综合在一起，让学生理解音乐技能表演不是目的，它只是一种手段，表演的最终目的是表现音乐，表现音乐的文化内涵。

例如，在一节小学歌唱课“云”的教学中，教师就恰到好处地将音乐和舞蹈结合起来。《云》是一首三拍子的抒情歌曲，表现了大自然的美和期盼风调雨顺的心情。教师在教唱以后，设计了一个创造性表演的环节：让学生每人持一块纱巾，随音乐节奏左右、上下摆动，每两小节摆动一次，每四小节换一种动作。几位同学按乐句分组做“云的飘动”，全体学生伴唱。由学生自由地创编动作，随音乐进行表演。在这节课中，教师运用了律动、表演等教学形式，较好地将“音乐与相关文化”的理念渗透到教学

当中，加深了学生对歌曲的理解与表现。

三、在“创造”领域中渗透“音乐与相关文化”的教学

创造教学是引导学生发挥想象力、发掘创造性思维潜能的音乐学习领域，也是引导学生积累音乐创作经验的重要学习领域。这个领域对培养具有创新精神和实践能力的新型社会主义建设人才来说，具有非常重要的意义。作为音乐教学的“创造”领域，包含三个方面的内容：探索音响与音乐、即兴编创、创作实践。在中小学音乐教学中，“音乐创造”领域要求达到的目标主要为：乐于参与即兴创造活动，培养、丰富和提高艺术想象力和创造力。

其实在音乐教学的各个领域都有发挥学生创造性的机会，培养创新精神的教育应贯穿于音乐教学的各个教学领域中。在教学实践中，老师们利用音乐艺术的审美特征，采用以表情和动作表现音乐，用乐器富有表情地演奏乐曲，创编简单的节奏和旋律，为歌曲编配简单的伴奏，为乐曲自编一个标题，用图画和诗歌表现音乐的基本情绪和内容等符合中小学音乐教育特点的方法，都能取到良好的效果。

例如，小学低年级的创作课“在农场里”，首先学唱新歌。教师问：“你们在农场里还看到了什么动物？能不能把它编到歌词里去，并用动作表现出来。”学生自编歌词，边唱边表演，如小鸡在农场“叽叽”，小鸭在农场“嘎嘎”。另外学生还自编了小羊、小狗、小牛等歌词。接下来教师用电子琴演奏《请来看看我们美丽的农庄》，用电子琴模仿各种动物的叫声，并用生动形象的衬词范唱，进一步启发学生。师生即兴创编了六段音乐：小鸭摇摇摆摆，小兔蹦蹦跳跳，马蹄哒哒哒哒，鱼儿游来游去等。学生进行分组即兴角色表演。在这节音乐课上，进行了生动活泼的创造活动。学生在学习歌曲的基础上，结合歌曲内容，充分发挥想象力，创编各种各样的歌词，并结合歌词进行即兴动作表演，在创作中体现了“音乐与相关文化”的渗透。

作为音乐教学的基本理念，学科综合首先是一个观念问题，而不是一个可操作的具体教学模式。因此，教师具有学科综合的意识并将这种意识渗透音乐教学的全过程，这一点最为关键。也只有在这样的前提之下，学科综合才有可能真正实施，才有可能在教学中灵活机动地加以运用。学科综合并不是教学的目的，它只是实现音乐教学目

的的一条有效途径而已。教师能否在教学实践中实施学科综合，归根结底取决于其是否真正了解音乐课程的人文性质，是否真正重视音乐教学的文化底蕴。一个自身缺乏文化底蕴，知识结构残缺的教师是不可能在音乐教学中真正实施学科综合的。为此，借鉴国内外现有的相关成果，并在实践中不断创新，同时夯实自己的文化底蕴，这些都是我们要不断努力的。

第六章 中小学音乐教育器乐教学研究

第一节 中小学音乐教育器乐教学的重要性

一、中小学开展器乐教学的意义

（一）音乐的主要表现工具——乐器

在人类历史发展的长河中，音乐作为一种特殊的形式一直伴随着人类历史而发展。它伴随着人类的产生而产生，伴随着人类的起源而起源，它是人类有感于外部存在的精神产物。

乐器的起源和音乐是密切联系在一起的，它是在人类的劳动、语言、思想、肢体、骨骼等发展的过程中逐渐出现的。乐器准确地来说应该算是音乐的一种表达方式、一种工具，它是人类加工创造的超越自然界的一种存在。由此可见，乐器本来就不仅只有物质性，它还是人类劳动、实践后不断创造出的结果，是人类精神活动的产物。

人类在敲击乐器时发出的声音不但可以表达自己的情绪，而且被敲击物也是人类自身自然肢体的一种延长。在这个过程中，二者内外相互作用不断地开发了人类潜在的能力，唤醒和挖掘了脑、心、手的内在能力并且把听觉、视觉、触觉等感官系统密切地连接了起来，形成了一个有机的掌控体。由此可见，我们应该把这种特殊的工具看作是高于自然界的物质。在我国浙江河姆渡出土的骨哨（用动物的骨头加工形成的乐器），其本质就是人类改造的自然物。随着人类内在语言和感情的不断丰富，对审美的需求也在不断丰富，之后出现的弹拨和吹打乐器逐渐从生产活动中分离了出来，人们通过乐器激起自身的愉悦感，使之成为人类精神生活的一项专门项目。

总之，乐器是人类在劳动和社会活动中创造而用于表达人类内心、情绪交流感情活动。它不分民族、地域、时间，它是人类心理、精神追求的共同体现。

（二）器乐学习的多样性、广泛性

歌唱和器乐演奏同属音乐艺术的两种主要表演形式，它可以让人们感受到美、享受到美并发现美、创造美。通过这两种形式可以很好地促进和发展主观审美，更进一步地使我们的知识、性情、意境得到统一和协调发展。不同的地区、不同的民族、不同的时期，器乐作品所呈现的内容、形式，所表达的情感传输都是不同的，所以学习它是开启音乐能力、发现艺术和理解民族文化大门的金钥匙。

器乐的学习本身就是一个很宽广的领域，它不但涉及音乐表现而且还涉及基本技术、技巧的掌控。它培养的是学习者本身的配合、协调、合作、毅力及人格等。它的学习还涉及相关的历史知识、作品风格、器乐思维、乐器制作、民族特点等。因此，器乐学习要根据学习者自身发展阶段和特点来选择，在音乐理论的指导下学会掌握器乐基本演奏技巧和基础音乐知识，并能把他们很好地运用到实际演奏当中。

在中小学音乐课程器乐教学学习中，针对中小学学生年龄、心理发展的特点我们选择的学习项目、学习曲目、学习形式也是多样而广泛的。例如：小学低年级阶段我们器乐学习的重点是在节奏、节拍、力度、速度的问题上，所以一般情况下选择的乐器都以打击乐、吹管乐为主，曲目学习方面也都是以基础曲目练习为主。到中高年级后就可将学习内容复杂化、学习形式多样化。中小学音乐器乐教学不单单是对一般的器乐了解和接触，更是利用学习让学生参与到音乐中来。器乐学习的宽广性能够使学生畅游在即兴、想象的空间里，为每一名学习器乐的学生提供广阔的空间。

（三）器乐学习对中小学发展的重要性

自从中小学音乐教学大纲将器乐教学确定为音乐教学的内容之一以来，器乐教学就正式被纳入中小学日常音乐教学的范畴中。器乐演奏艺术源于生活同时也要回归生活，从中小学学生心理对新鲜事物的求知欲角度来讲，器乐学习可以激发学生学习的兴趣。中小学阶段器乐学习教学就是非常符合这一特征的，因此在教学中我们很容易调动起学生的积极性。在课堂上一个口琴、一个手鼓这些小的乐器就可以抓住学生的好奇心。再通过学习学生就会很容易地跟上老师的脚步。通过这样的学习不但可以培养学生对音乐的兴趣，树立端正的审美态度，提高素质教育，还能够让学生在兴趣学习中找到更多的认可感与成就感。

根据有关调查：6—7岁的儿童的口唱音高方面已较准确，到了8—9岁，节奏、旋律的记忆力已有改善、提高，并能感知双声部旋律。10—12 岁基本完成识谱。学生是学习的主体，是舞台的真正拥有者。教师在教学中要让位给学生，做到“教师为主导，学生为主体，训练为主线”的原则。充分尊重与发展学生的主体意识与主动精神，让学生学会如何学习，如何大胆地尝试面对生活的挑战，让其懂得如何做一个生活的强者，充分体现学生在教育中的主体性位置。

二、器乐学习的意义与重要性

学生阶段的器乐内容学习是音乐课教学中的不可或缺的组成部分，它和其他的音乐形式一样都具有提高艺术审美水平、陶冶情操，引导学生感受真美、理解美、欣赏美的作用。在学校智育教育系统和道德教育系统里，它都具有无可替代的功能。

（一）挖掘学习源泉，激发学生兴趣

在日常课堂中如果教师能够行之有效的激发学生对科目的兴趣，就一定会事半功倍高效地完成教学任务。在课堂上，我们常会用简单的教师教唱，学生模仿的单一形式上课，所以学生总会感到学之无味，音乐课堂也很枯燥。我们做过试验，两个同时上课的班，一个老师用传统的方法教唱《雪绒花》，另一位老师则改用手风琴授课，两个班学生的反应截然不同。前者反应微小，被动学习，而后者班级学生互动良好，气氛活跃，不仅完成了学唱任务，并且还将另一首电影插曲《孤独的牧羊人》学完，质量与效率都很高，愉快地完成了教学任务。手风琴是广泛应用的一种乐器，它传播广，音色模仿力强，便于携带，节奏感强，深受学生的喜爱，在课堂引入手风琴教学，让学生被它的特质所吸引，从而对其产生浓厚的兴趣。所以，教学中适当的加入器乐演奏式学习环节，可以让一些不容易理解的难点，容易混淆的重点内容更易学习。

在器乐学习的过程中，最初的兴趣和爱好，也是出于好奇的天性。而这时的兴趣易有也更易失，因为短暂的接触并不具备长期坚持的条件。这就需要老师在兴趣的基础上进一步发掘学生的潜质。在学习初期，老师的引导尤为重要，在之后的教学中，因为音乐课堂氛围，学习的环境都会感染学生进一步理解和掌握所学的知识。当学生自己可以简单演奏并掌握了基础的演奏技巧后，心理上的满足感和成就感就会促使其兴趣更加浓厚，也有助于他们自信心的提升，从而进一步激发学生的学习兴趣。

器乐学习不受先天条件的影响，只要音准感觉好，节奏感强就符合学习的条件。配合乐器掌握正确的方法就可以进行演奏了。器乐主要是在音色、技巧上体现其表现力。所以，器乐教学在音乐教育体系中有着不可替代的重要性，在培养学习动机和兴趣上也有不可忽视的作用。

（二）调动学习积极性，激发学生兴趣

音乐是一门实践性的艺术，它需要通过实践表现出来。音乐史上无数经典的中外器乐作品，无不反映着个体对待自我、民族和社会的深刻认识和理解，无不挑战着人性的智慧、情感和意志的经验本身，而这一切的主要来源是作曲家的音乐实践，其中重点一项即为器乐实践。

演奏乐器，不仅能够表达人内心深处的情感世界，同时也能改造主体的人。器乐本身是一个广阔的学习领域，器乐学习是音色学习重要手段和形式之一。学生在学习中可以更好地理解音乐，了解音乐要表达的情感和意境。将器乐引入课堂能够改变课堂教学氛围，扩张音乐的表现力，改变音乐传统教学的风貌。例如，在没有器乐的课堂学唱歌曲，学生不容易唱准音准，打准节奏，音色的表现力就更不用说了，完全不可能体现出来。而加入钢琴的教学则会完全的相反，学生能够跟着钢琴提高音准能力，对听音、视唱都会有很大的提高。

在器乐教学中，演奏能力是一个逐渐培养的过程，尤其对于很多没有演奏经验的人来说，一点点的进步也很容易让他们自我肯定，树立自信。这种自我肯定和自信会使学生更愿意在外人面前表现，得到更多夸赞和肯定。在这一系列的作用下学生自然地就会更进一步地进行课下的练习，激发他们自主学习、主动学习的积极性。

（三）普及并提高学生的基础音乐素养

众所周知，音乐学习的一个重要环节就是音乐素质的培养，而在器乐的学习中提高音乐素质能力的培养尤为重要。

从学生对乐曲的演奏上来说，学生要想演奏出作曲家写作的意图就需要先熟悉、渗透乐曲之后再开始练习弹奏。要将课前学习和基本练习结合起来，让学生理解作曲家的情感、思想以及乐曲的内涵。让学生可以从聆听中想象乐器，感受内涵。这样就可以潜移默化地提高学生的综合音乐能力和人文素养。在声乐教学中，学生主要训练的是发声系统。听觉系统在声乐学习中也只是起听音准的作用。舞蹈教学更是如此，它只强调身体的协调性、柔美度，是全身的运动。识谱与视唱听音的训练在此并不体现。因此，只有器乐才是眼、手、脑通力合作的运动，也才是提高音乐素质最好的载体。

（四）器乐学习可以让学生体会到团结协作的重要性

器乐演奏的学习其实就是一个团结协作学习的过程，在合奏、齐奏、重奏等演奏中都可体现出来。器乐进入课堂可以让学生更加深刻、具体地理解“团结协作”四个字的含义。器乐演奏的学习可以使学生学会与人相处，让整体运动可以有序进行。通过演奏学生会懂得要想让一首乐曲成功出演，就必须各司其职，共同努力才能完成一首完美的作品。

在日常的器乐演奏学习中，学生会有很多机会接触各种不同的演奏形式，这种形式不但要求学生要提高自己的演奏水平还要学会与同伴合作，将自己放到团队中，在该突出的地方一定要突出，同样在该融合的地方也一定要学会融合。例如：我们常接触到的器乐“合奏”就是要求所有的演奏者把声音统一起来，百声成一声。这时“合”字就至关重要。每个演奏者都要服从整体的声部要求，每个演奏者都要把自己当成一份子来看，而不是单独地演奏。在演奏过程中除了心中要有自己的演奏内容外还要记得整个乐队的演奏要求，听着自己想着大家才能演奏出完美的作品。这就是一种合作与奉献的精神，学生在合奏的过程中重点不是突出自己的演奏水平，合奏更看重的是群体的协作性、默契度。个人演奏的水平会直接影响到作品是否能够完美完成，可能会因个别人的小问题而影响整部乐曲，拖了团队的后腿。因此，学生之间的互助、协作、配合与鼓励就显得十分重要了。

第二节 中小学音乐教育器乐教学面临的困境

一、学校教育的思想方针对音乐教育不够重视

由于传统教育思想的束缚，使音乐学科总是处在一个必须有但又可学可不学的位置。音乐教育多年来一直处于一个形式化的地位，音乐教师只是教师完成日常教学即可，对于开设特长班或辅导学生缺乏热情。学生也不会将音乐课作为重点去用心学习，经常在课上看英语或者做数学，要么就是完全抱着放松心情的心态上课。这样的课堂氛围实在很难有效实现教学目标，这是制约音乐教育发展的原因之一。

二、家长的不理解与不支持

日常器乐教学因为课业负担重，学校对此重视不够而容易在校园出现难以推进的情况。另外器乐教学难以推进的另一重要因素是来自家长。器乐学习是一个长期的过程，需要耗费大量的时间。接受器乐学习的学生如果希望能够在器乐演奏方面取得成就，就必须花费大量的时间和精力在器乐练习上。于是课业学习和器乐练习的矛盾便变得日益突出。出于各方面的考虑，很多家长和学生都为了课业的学习而放弃了器乐学习活动。家长们普遍认为器乐学习加重了学生的学习负担，影响了学生的正常课业学习，耽误了学生课业学习的时间。

第一，器乐学习和文化课之间存在着时间上的冲突是毋庸置疑的。面对繁重的课业和升学压力，家长和学生会把更多的精力花费到文化课的学习当中。升入好的初中、重点高中、好的大学，将来获得更好的就业机会，这种想法存在于所有家长的心中。

在升学、考试的压力面前，器乐学习就显得不重要了。

第二，音乐对人综合能力发展的深远影响是很多老师、家长所不知道的。家长不能理解音乐尤其是器乐类对学生的成长、心智健全和长远发展的利益。器乐教学对学生发展的有益之处不单单只是提高学生的音乐素养，在培养学生的音乐素质、学生的团队合作精神，提高人文素养，开发学生的智慧都有非常大的作用。

其实，科学有序的器乐学习不但不会成为课业负担，还能够起到开发智力、为学习减压，起到放松和舒缓身心的作用，是很好的减压方式。总之，器乐学习不能很好地在学生之间开展其各方面的约束性是关键问题。

三、国内器乐学习成功案例不多

器乐教学、器乐进课堂是一个比较新的教学领域，因为发展时间短，困难比较多，所以可以参考和借鉴的方法和经验太少，让音乐工作者在发展过程中，只能在摸索中前进，进步比较慢。我们国家的整体器乐教学起步比较晚。中华人民共和国成立初期，因为受到经济条件的影响，我们仍旧使用的是“学堂乐歌”形式教学。教学内容以歌唱为主，器乐学习几乎没有任何发展和涉及。到了 20 世纪 90 年代国家在改革开放后逐渐富裕起来，在音乐教学大纲中提出了将器乐教学纳入正常的教学范围中。不论对学生个人还是对我们整个民族文化的传承来说，器乐教学在音乐教学中都拥有不可替代的地位，都是不可或缺的。

尽管目前已经有越来越多的人加入了器乐教学的行列，但我国器乐教学起步晚，现代器乐教学事业发展的历史并不长，没有形成相应的规模，人们的认识也不够。这就很不利于器乐的学习、推广和发展。我们的器乐教学，没有成熟的、连贯的体系结构，各种实践的尝试也都还在摸索阶段。人们的关注和见解也都处于起步阶段，缺少各种实践经验的有力支撑。这就要求有一批专业化人才的投入，来从事相关的研究，从而促成我国器乐教育乃至整个音乐教育体制的健全。

四、器乐学习的时间长、见效慢

众所周知，器乐学习过程是枯燥而又漫长的，从入门时较简单的单音到基本功指法练习再到整首乐曲学习弹奏，这三个阶段是需要下功夫和耐心的。所以器乐学习在短期内成效甚微，这会造成学生兴趣不足，动力不大的后果。

学生在最初学习期间会因简单的弹奏而较有兴趣，但随着指法难度的不断加大，要求不断增多，学生最初的成就感就会受到打击。但正如俗话所说“台上一分钟，台下十年功”，器乐学习不是一朝一夕的事情，它是一个滴水石穿的过程。它要求学生必须勤奋练习，并具有吃苦耐劳的精神和坚强的毅力。

器乐演奏技术的学习是日常训练的中心环节和主体。要达到良好的教学成果就需要调动视觉、听觉、触觉和中枢神经，要把全身的器官都调动起来，这其实是一个十分复杂的过程。学生刚开始所演奏的曲目只是简单将乐谱变为音乐的过程，要想真正较好地演奏乐曲，简单的音符堆砌是绝对不行的，它还要求学生情感的投入兼顾演奏的准确性和情感性。我们在演奏中要将作曲家的创作意图和创作环境带入自己的音乐中去演奏，这样才能将作曲家真正想要诉说的情感表达出来。当学生的演奏水平达到一定程度后，学生就可根据自己的喜好，尝试音乐创作。

器乐学习是一个循序渐进和积累的过程，是一个只要功夫深就可学成的行当。它没有速成法，只有用时间来雕刻，要想成功就一定要经过枯燥、困难的练习。

五、学生热爱流行音乐对器乐学习的热情不高

器乐学习是个漫长而辛苦的道路，小学阶段的学生能够一直坚持学习下来固然是最好的，但一般的学生在进入三年级之后就开始了英语、奥数等科目的学习而没有很多时间练习乐器，并且随着年龄的增加，学生的自我意识开始萌芽，已不再局限在父母是否让做的阶段。三年级以后的学生在当下流行音乐当道的时期会越来越被其简单的曲调、快节奏的曲风所吸引，而对枯燥、漫长的器乐学习产生厌倦情绪。到了初、高中阶段几乎没有学生不喜欢流行音乐。因为流行音乐节奏鲜明、旋律优美、歌词通

俗容易上口，并且能够帮助人们缓解压力和疲劳。因此，流行音乐自身的优点为其生存和发展创造了前提条件，成为人们喜闻乐见的音乐表达形式。

流行音乐通俗易学，并且没有太高学习、演唱要求，学生在演唱时也不需要经过专业化培训，天赋较好、乐感强的学生在未经指点下也能表现得很好。因为流行音乐简单易学，内容通俗易懂，娱乐性强，所以对长期在枯燥学习中的学生而言，它的吸引力就更加地不容小觑。

六、文化课业繁重，业余时间稀少

器乐学习是要依靠时间积累的。实践的力量才能使学到的知识转化成为应用的能力，实践就要依靠时间。除去每日繁重的文化课学习以外，有些学生还会参加英语、作文、阅读、奥数等补习班学习。家长迫于升学压力也不得不让学生参加类似的学习，很多学生是十分喜爱音乐课、器乐课学习的，但是时间的不允许是不能完成这项学习的重要阻碍。

七、师资力量的欠缺阻碍器乐教学发展

目前中小学音乐教师队伍中的主体力量都是来自声乐专业的教师，有过专业化、系统化的学习，业务水平扎实的器乐教师是非常缺乏的，这在很大程度上制约了器乐教学的发展。在器乐教学中，教师所占的位置是十分重要的，是器乐学习的重要组成部分。作为学校艺术教育的主要承担者，音乐教师的素质、专业水平都决定着教育的水平。

很多音乐老师并不是器乐专业毕业的，因此并没有系统地学习和掌握器乐的知识，这样的老师是无法完整教授课程的。老师自身专业知识的匮乏就会造成课堂讲课不生动、不能有效地引起学生的兴趣，这样就更不利于器乐教学的开展。也有一部分老师，他们具有一定的演奏功底，也能够熟练地使用一项乐器，但他并不一定具有教学的能力。我们常说“弹得好不一定教得好”，自己练习弹奏和教授他人学习是两回事。除此

之外，教师的基本素养也决定了其专业发展的水平。器乐教学不同于其他科目，教师个人的演奏水平高低不会直接影响教学质量，但如果教师的综合素质不够的话，不能够合理科学地安排教学内容、教学进度，这样就很容易让学生产生挫败感，让学生最初的学习热情在漫长的学习中消耗殆尽。

所以，教师是与学生交流的主要载体，也是教学中的重要环节，教学中的优势体现、劣势弥补都是要靠教师来完成的，教师在器乐教学中的地位是举足轻重的。所以，培养专业、系统、基本功过硬的专业器乐教学人才是器乐教学的基础和重点。

第三节 中小学音乐教育器乐教学开展策略

一、树立正确的音乐价值观

在历史发展的长河中音乐发展的形式有传统音乐文化与现代音乐文化、民族音乐文化与西洋音乐文化、中国音乐文化与外国音乐文化以扩宽学生的眼界，提高学生的音乐文化素养。音乐是一种声音表现艺术，音乐表现手段和其他自然界的声音不同。音乐是物体规律振动发出的声音，是反映人们思想情感，表达对现实生活感情的一门艺术。在音乐的创作中包含各式各样的情感，蕴含了各种各样的哲理。在不同的时代，不同的地区，不同的文化中音乐所要表达的方式、韵律等也都不尽相同。所以我们常说音乐是有灵魂的艺术，是需要被理解的艺术。音乐领域的教师们需要做的就是让学生学会领悟不同的音乐，感受其内在蕴含的意味。学会体会不同地区的风土人情，感受不同文化下的音乐文化，这样才能够培养出学生鉴别和欣赏音乐的能力，良好的音乐素养，为其树立正确的音乐价值观。一部好的音乐作品和一本好书一样都可以帮助学生树立正确良好的音乐文化价值观。

二、加大社会、学校对音乐教学的重视

器乐学习在对学生的终身发展和综合素质培养上的重要性不言而喻，但社会、学校和家长却对此不太了解，或者说有了解的也迫于升学、竞争的压力而无视这些内在能力的培养。我们应该加大宣传力度，让社会、学校、家长和学生都能形成正确的音乐学习观念，改变他们过去对器乐不全面的认知。对于那些因为学习器乐而成功的事例也要宣传，让这些事例成为榜样。在器乐教学方面我们也要注重乐器种类的选择。目前我们能够接触到的乐器种类繁多，如何选择适合学生的乐器，面对不同性格的学生，如何满足学生的需求，选择适合的项目，是学校需要注意的问题。在学校条件允许的情况下，应该尽可能地多选择乐器的种类、范围，以便扩展学生的选择面，拓宽学生学习的视野，这都是学校发展音乐教学的基本出发点。

三、如何提高在职音乐教师的专业水平是关键点

中小学音乐教育器乐教学能够顺利、有效的进行的前提就是要有一支业务过硬、专业水平较高的师资队伍。教师专业水平的高低直接影响学生的学习效果，因此对专业音乐教师、器乐教师进行系统化、专业化、有目标、有计划的业务培训是十分有必要的。

目前，我们的中小学校教师队伍中器乐教师的比例不多，并且十分缺乏专业化、系统化、基本功过硬的器乐教师。大部分中小学音乐教师都是声乐专业、舞蹈专业毕业的师范生。器乐教师里以钢琴专业教师居多，其他器乐类教师比重明显较少，甚至在一些县级市里整个中小学音乐教师队伍中都没有器乐专业出身的教师。所以，就此问题作了以下两点归纳：

（一）可对音乐教师实行全员器乐化培训

器乐教师在中小学音乐教师队伍中占的比例很少，每个学校都要开展必要的器乐教学的话，师资紧缺就是一个重要的问题。可以动员全体音乐教师都来进行简单乐器

的培训，这样就可以缓解器乐教师不足而不能开展器乐教学的问题。

如果想在学校进行有效的、大规模的器乐学习是非常困难的。尤其是一些县级市或者乡镇中小学，有些教师仅有基本的音乐教学水平。因此，针对这种情况，可对音乐教师实行全员化器乐培训，这种器乐培训内容是一些易学、易上手的乐器，如葫芦丝、陶笛、口风琴等。

此外，也有一些音乐教师自学葫芦丝、口风琴等乐器，也是在短时间内就可达到演奏、教学的水平。在这些老师的经验下，学校利用暑假期间聘请有经验的陶笛教师对声乐、舞蹈、古筝教师进行培训，在两个月每周两节课的学习中老师们很快就熟悉了陶笛的基础演奏，并且能够达到基本的教学水平。

（二）对现有器乐教师进行业务专业化培训

在普通的中小学日常音乐教学中，我们对音乐教师的专业水平没有过多的要求，更加重视的是课堂教学内容、形式等其他问题，这就使很多音乐教师将精力过多地用在课堂教学上，而自身的业务可能就会有所荒废，尤其是器乐专业的教师更是如此。学习器乐的人都知道，它是个功夫活，一天不练手就会生疏，两天不练乐器就会不熟，有句俗话说：一天不练自己知道、两天不练行家知道、三天不练大家就都知道了。

专业教师除了要靠自身意识来加强专业化训练外，还要有外在因素的促进，如学校可以定期让器乐教师去高等音乐专业院校进行培训、进修；也可以请一些专家、学者到学校来讲学，从而提高专业教师的专业水平；让教师多参加一些学术交流活动，去观摩、学习一些器乐教学开展较好的学校的教学经验；等等，这些都是提高器乐教师专业水平的方法和手段。

四、积极参加各类比赛、观摩学习

各类比赛、演出以及社会实践都是很好开阔学生眼界，让学生能够提高综合能力的方式。这些活动都可以有效地提高学生的自信心，并且带动学生产生更大的学习兴趣和学习动力。

各类比赛、演出也是一个很好的竞争环节，这种竞争是人类的本能。这些比赛尤其对于青少年学生来讲更是一个很好的锻炼机会，他们也会在此类的活动中将竞争意识展露无遗。在竞争中获胜的话，学生的自信心、自尊心、成就感、优越感以及自我存在感都会得到很大程度上的满足，进而能够激起学生更大的潜质、进行更高水平的追求。如果在竞争中失败，学生也可以很好地总结归纳失败的原因，从而找出自身的不足、缺点，为以后的学习指明方向，发现自己与别人的差距，这样会得到更好、更快的提高。

除此之外，我们也可以让学生看些影像资料，有条件的情况下还可以带领学生参加一些大师的音乐会，在观看大师们的演奏中，学生可以深切地感受到器乐演奏的高层次水平，这对学生自身水平的提高是十分有益的。回来后学生更加努力地练琴，并且将音乐会中所学到的相关演奏知识、演奏技巧以及情感表达都融入日常的学习演奏之中，学生的学习热情、认真程度都有了前所未有的提高。

所以，给学生提供观摩学习的机会是进一步提高学生兴趣、动力的有效途径和方法。

五、优化器乐教学内容提高教学效率

在器乐教学过程中教师的重要性不言而喻，这种作用不单单体现在普通教学过程中，更体现在对课堂内容的安排、结构的掌控、能力的衡量等方面，这都是考察一名教师综合教学水平的标准。

器乐的教学过程是一个缓慢而又艰辛的过程，它需要学生在学习过程中有足够的兴趣和坚强的毅力，而这种兴趣的持续性就要靠教师来不断将它完成。

除了学习常规性技术、技巧知识外，老师还教授过很多不同形式的、不同内容的练习。例如：在学习了一段时间后，技术、技巧达到了一定的水平时，老师就会拿一些简单的曲目让学生快速视奏，视奏熟悉后还会要求学生即兴伴奏、复调演奏等其他内容。这样的教学方式让正在学习演奏的学生很有兴趣也颇具成就感。从而对于演奏更感兴趣，并且经常自己去找一些喜欢的歌曲、乐曲进行弹奏，这不但锻炼了学生的快速识谱能力也训练了学生听音、视唱的能力。除此之外，在学习新的乐曲前，老师都会将乐曲创作的背景或者故事讲述给学生听，并且让学生自己回去先预习听、想、感受乐曲的内容从而对乐曲产生浓厚的兴趣，这种变被动为主动的学习方式让学生在乐曲掌握和理解上有了很大的进步，并在日后的专业学习过程中也往往强于其他人，这样的教学法就很值得大力推广和提倡。

六、利用各类模式保证教育经费来源

目前来说，在普通中小学开展器乐教学活动还有一个重要的难题——资金问题。众所周知，器乐学习先决条件就是要有乐器，但是乐器的种类繁多，价格也是由便宜到昂贵不等。学校在设置课程方面不可能只开设价格便宜的乐器学习，当然也不可能全部开设昂贵乐器的学习。购买乐器的费用、乐器维护的费用、教师薪资的费用都是学校顺利开展器乐学习的绊脚石。面对这个实质性的问题，现提出几个方案可供参考：

第一，政府教育部门加大对学校资金的投入购买相应乐器、建立学生艺术团。

第二，学校承担师资费用、学生承担乐器购买和维护的费用。

第三，学校承担 70%，学生承担 30%的乐器购买费用，学校负责教师薪资，学生负责乐器维护，毕业后乐器交还学校也可补齐余款购买。

第四，利用民间投资、赞助等形式解决乐器购买、维护的费用，学校负责教师薪资。

（一）政府教育部门加大对学校资金的投入

凡是艺术教育发达的地区、音乐教育繁盛的地方都离不开当地政府、教育部门对其资金投入的影响。在调查期间经常会听到、看到这样一句话：基础教育的发展全国看北京、北京看海淀。这足以见到北京海淀区的发展确实代表了我国基础教育的最高水平。这种发展不是单靠学校或者学生就可以完成的，从 2000 年到 2005 年，政府、教育局投入中小学教育资金的金额可见一斑。2000 年区政府投入资金 4.65 亿元、区教育局投入资金 519.56 万元，2005 年区政府投入资金 115.35 亿元、区教育局投入资金 925.71 万元。到 2004 年底海淀区 209 所学校拥有艺术团 543 个。全国著名的金帆艺术团、北京八一中学都隶属海淀区。

（二）学校和学生共同承担乐器购买和维护费用

邢台市第六中学初中年级开设的陶笛课程就是利用这点完成的。初级入门陶笛的价位大约在 36 元一个，中级陶笛约 100 元一个，这样价位的乐器学生自己还是可以承担的。尤其是初级陶笛的费用不高，这对学生、家长来说都不会造成负担的，即便是以后学生不想学习了也不会造成很大程度上的浪费。初级陶笛的学习时间为一年。

初二年级进入到中级陶笛学习时间，这个时期的陶笛费用稍微贵了一些，但相比其他乐器来说这门乐器的价格仍旧是很便宜的。而这个时期，随着课业负担的加重可能会有一部分学生退出陶笛学习，那么这个时候就可以选择优秀的学生留下来组成业余陶笛学生社团，把普及学习变重点培养。这样不但有利于取得良好的教学效果也可以丰富学校业余生活。教师薪资方面邢台市六中的陶笛教师均是本校在职、在编音乐教师，学校出资让他们利用业余时间学习陶笛演奏，学成后用于日常教学，所以他们的薪资只是普通教课的课时费，没有其他费用。学生社团的课时费用也是按照平时的加班费用支付的，因此邢台市六中的陶笛课程可以开展得十分顺利。开课两年多来涉及的学生达 2000 多人，乐团培养的学生也已经达到 200 多人。他们还经常代表学校参加省市教育系统的各类演出、比赛，收到了很好的社会效益。

（三）学校和学生按比例分摊乐器购买费用

邢台市英华小学是一所私立学校，住校式学校。学校的业余课程开设很多，这里很值得一提的是他们学校的小民乐团和扬琴乐团。在这里上小学的学生一入学就会得到相应的器乐学习指导，根据学生的兴趣自选乐器，学校给配备相应的器乐教师，如小学一年级起让热爱器乐的学生选择一种民族乐器像二胡、琵琶、扬琴、古筝、笛子等。而这些不同种类的乐器购买则是由学生和学校一起分担的。例如，一把普通级别的二胡费用大约在 700 元、普通级别的古筝大约在 800—1200 元、普通级别的琵琶大约在 500—800 元、普通级别的扬琴大约在 1500—2000 元、普通级别的笛子大约在 60—100 元。学校承担 70%，学生承担 30%的购买费用，这对双方来说都减少了相应的负担，这种做法也非常有效的推进了器乐在中小学音乐教育中的发展。因为学校在职的音乐教师出身于扬琴专业所以学校还专门建立了少儿扬琴乐队，他们经常参加全国、省市级的各类比赛、演出，还曾走出国门前往新加坡、日本等国进行访问演出。这一成功的案例也告诉我们中小学音乐课堂中器乐教学可以起到良好的作用。

（四）利用民间投资、赞助等形式解决资金问题

邢台市第五中学、邢台市英华中学前后使用过此种方式，也都取得了不错的效果。

每年的百场惠民演出就有许多单位需要借调校园艺术团的节目，像这样的演出活动学校是无偿进行的，但服装、道具、乐器等设备则需要调用单位配备，并在演出之后捐赠于学校。通过此类形式，每年也会为学校节省出不少的费用。在近几年的发展中，学校也积极与各大企业合作，通过注资、赞助等方式帮助学校更好、更有效的解决资金问题，为器乐教育在学校中的发展增添力量。

七、邀请专家来校讲学、鼓励教师参加学术交流

想要提高学校器乐教学水平，增加学校知名度与竞争力，帮助教师快速成长的有效手段无外乎有六个字“请进来、走出去”。所谓“请进来”就是邀请各知名器乐演奏专家、学者来校讲学，让老师与学生同时进行学习。这种方法不但可以开阔学生的眼界，帮助他们建立坚实的器乐学习观念，还可以有效地提高器乐教师的教学水平。因为“请进来”的老师都是有目的而来的，为的就是解决学校、教师在教学、管理、课程设置、进度安排等方面存在的问题。像这样的专程学习机会是非常难得的，因此开设器乐教学的学校应具有这方面的考虑。

除了要“请进来”还要“走出去”。在解决了自身问题后就要再次启程开始接纳外界新鲜的事物。教师要积极地参加各类讲座、座谈会、专业交流会或者研讨会。这样就可以和更多的同行老师交流意见，共同解决问题。在这样的活动上可以吸取人家的经验和专家学者的最新研究成果，同时也可以激发教师结合自身工作而进行研究的热情。器乐教学的优势与好处是显而易见的，音乐教学的全面发展是绝对离不开器乐教学的，器乐教学的进步与提高正是全面落实音乐教育发展的重要层面。但是由于学校器乐教学还是一个新的领域，发展时间短、面对困难多、可借鉴成功案例少等问题都是困扰器乐教师的地方。

总体来说，器乐的学习就是老师、学生、家长三方面配合才能够顺利完成的项目。我们只有得到了社会、家长的支持和认同才能将每个热爱器乐的学生塑造成才，才能创造出一个真正良好的器乐教学环境和氛围，教学才能够很好地发挥其育人、美心的作用。让其真正成为中小学音乐教学乃至整体教育中的不可分割的一部分。

第七章 基于民族音乐文化传承的中小学音乐教学

第一节 中小学开展民族音乐教学的现实意义

一、在中小学开展民族音乐教学有利于素质教育和民族音乐传承

传统音乐文化对于每个国家和民族而言，都有着深刻的人文内涵和教育作用。通过对本民族传统音乐艺术的学习，可以使学生加深对本民族文化历史以及生活方式、民风、习俗等的了解，认知民族民间音乐是世界优秀传统文化的一个重要组成部分，是音乐艺术中的瑰宝。我们应继承和发展优秀的传统音乐文化，并使之发扬光大。

普通中小学音乐课程标准明确提出："音乐是人类文化传承的重要载体，是人类宝贵的文化遗产和智慧结晶。学生通过学习中国民族音乐，将会了解和热爱祖国的音乐文化，华夏民族音乐传播所产生的强大凝聚力，有助于培养学生的爱国主义情怀；学生通过学习世界上其他国家和民族的音乐文化，将会拓宽他们的审美视野，认识世界各民族音乐文化的丰富性和多样性，增进对不同文化的理解、尊重和热爱。"我国优秀的民族音乐是中华儿女数千年的智慧结晶，作为人类宝贵的文化遗产，它理所当然地应该成为音乐课重要的教学内容。

但是，由于不少学生对民族音乐不了解、不熟悉，因此不喜欢民族音乐。他们缺乏研究民族音乐的热情，也不关心民族音乐的发展与传承。有些学生说民歌太老了，

跟不上潮流。有些学生说谁会喜欢听京戏呀，那么慢，哪有流行歌曲来得直白。甚至有些学生也搞不清什么是民乐，不知道民乐和西乐有什么不同。知识上的欠缺和情感上的排斥使民族音乐文化的传播变得十分艰难。

我们现在应该注意到，音乐课程标准已指出，在中小学大力开展民族音乐教育可以使学生通过对我国优秀音乐作品的审美体验，增进学生对祖国音乐艺术的热爱，培养学生的社会责任感、民族精神和爱国主义情怀；可以从根本上扭转学生在民族文化素质上的缺憾。通过追溯民族音乐的“根脉”，可以使学生看到民歌长盛不衰的生命力，得知现今流行的许多歌曲都是民歌的新版编创。通过讲述民族音乐的历史和演变，可以使学生体会到本民族音乐的价值。通过对民歌民乐的赏析，可以使学生以捷径走向民族音乐的精彩天地；通过对民歌、民族器乐的学习，可以使学生终生成为民族音乐百花园中的一员。

学生在接受民族音乐教育时，民族文化素养将得到显著提高。这种效果发生的基本原因就在于，《义务教育音乐课程标准》要求学生通过认知作曲家生平及作品的题材、体裁、风格等，了解中国音乐发展的简要历史，初步识别不同时代、不同民族的音乐，加深对中国民族音乐的认识和理解。《义务教育音乐课程标准》指出：“学生通过学习中国民族音乐，将会了解和热爱祖国的音乐文化，华夏民族音乐传播所产生的强大凝聚力有助于培养学生的爱国主义情怀。”《义务教育音乐课程标准》要求学校和教师“通过音乐作品中所表现的对祖国山河、人民、历史、文化和社会发展的赞美和歌颂，培养学生的爱国主义情怀；在音乐实践活动中，培养学生良好的行为习惯和宽容理解、互相尊重、共同合作的意识和集体主义精神”。

在民族音乐课上，学生可以耳濡目染民族音乐丰富的内涵和深厚的底蕴，深刻认识本民族优秀的音乐作品是时代的号角，是人民的心声；能够生动地感知民族音乐作品是如何通过流畅优美的旋律、明快完整的节奏、真挚朴实的情感、严谨简练的结构、清新质朴的音乐风格，塑造出风情万种的音乐艺术形象，激发起动人心扉的感召力。通过民族音乐教学，优秀的民族、民间音乐作品将使学生加深对祖国大好河山的热爱，加深对祖国悠久文化历史的了解，由衷地赞美现实生活，对美好理想充满向往，从而极大地丰富学生的精神世界，全面提高学生的必备素质。

著名音乐教育理论家曹理说：“国民音乐教育（普通学校音乐教育）是音乐文化的摇篮。”在我国音乐和音乐教育界，有识之士也越来越重视音乐教育在培养后继人才、传承民族音乐文化上的重要作用。他们认为，弘扬中华民族音乐文化必须以本民族的传统音乐文化为“根”，必须从教育入手，从基础教育起步。早在 1995 年 12 月，全国第六届国民音乐教育改革研讨会就“以中华文化为母语，充分发挥音乐教育在国民素质教育中的积极作用”为主题，对此展开了深入的探索和研究。这次会议起到了很好的导向作用，为加强学校民族音乐教育，提高学生的基本素质，使中华民族本土的音乐文化能够很好地传承、弘扬和发展。这对逐步形成具有中国特色的音乐教育体系起到了积极的推动作用，为中小学音乐课程标准顺利出台奠定了基础。

中小学开展民族教育，在本质上它绝不是要带着学生走向过去，而是理解过去，继承和发展传统，更好地走向未来。在当前东西方文化撞击、交流、融会的形势下，音乐文化的发展不能离开人类文明的共同成果，但一定要坚持“以我为主，为我所用”的原则。在开展多种形式的对外音乐文化交流的同时，博采各国音乐文化之长，引进、学习世界上著名的、先进的音乐教育体系是必要的。但真正的学习，还必须结合国情、民情，使这些先进之学，扎根在中华民族文化的沃土之中，形成具有我们自己特色的中国产品。通过在中小学开展民族音乐教育，将为社会音乐文化的不断发展、更新提供大量具有创造活力的人。因为学校集聚着大批有创造能力的人，他们正是中国音乐更新、发展的生力军。

二、在中小学开展民族音乐教学有利于走向世界

在全球化大潮汹涌澎湃的时候，世界上许多地方的“文化家园”在风雨飘摇中残破，不堪回首的失落感使民族主义情绪随之在世界各地炽烈地燃烧，这种情绪在我国音乐教育界也时有反映。民族主义是历史上形成的对民族历史和文化的认同、归属、忠诚的一种强烈情感和持久意识，是强调本民族的特性和传统，维护本民族权益，处理民族问题和对外关系的行动准则与价值观念。对于客观存在着的民族主义情结，我们应当理性地对待它，肯定它积极的一面，规避它狭隘、消极的一面，使民族情结转化成为一种豁达的情怀，一种健全的心态，健康的精神，从而成为我们参与全球化进程的助力，而不成为阻力，将全球化转化为民族音乐建设的积极资源，促进民族音乐教育的蓬勃发展。

在开展民族音乐教学的过程中，音乐教师责无旁贷地担负起了民族音乐的保卫者和耕耘者的重任。他们必须辨别民族音乐的诸多类型，把握界限模糊的民族音乐划分标准，判断对民族音乐作品的取舍原则，理解对民族音乐的不同社会认知，对比民族音乐与其他音乐的异同、差距。在这样的辛勤跋涉中，施教者既能感受到民族音乐在主体上的亮彩，也会触及枝节上的不少暗斑，更能观察到其他音乐的可取之长。所以，从教师的角度公允评判，在开展民族音乐的教学实践中可以树立学生的民族自豪感。

在开展民族音乐教学的过程中，中小学将遵照音乐课程标准关于“情感态度与价值观”一节的规定，使学生“通过学习不同国家，不同民族，不同时代的作品，感知音乐中的民族风格和情感，了解不同民族的音乐传统，热爱中华民族和世界其他民族的音乐”。在这个过程中，学校必然要作出事关大局的选择：一是精心选择民族音乐教学的内容，选用最能代表民族音乐文化绚丽多彩的风貌以及源远流长的历史精品；二是精心选择称职的音乐教师，逐步并最终形成一支质量高、水平高的音乐师资队伍；三是精心选择民族音乐教学的方式和方法。这就能在教学管理上扫除极端民族主义滋生的土壤，确保实现音乐课程标准规定的，让学生在学习中国民族音乐的同时，也学习世界上其他国家和民族的音乐文化，以此拓宽审美视野，认识世界各民族音乐文化的丰富性和多样性，增进对不同文化的理解、尊重和热爱。

世界的和平与发展有赖于不同民族文化的理解和尊重。在强调弘扬民族音乐的同时，还应以开阔的视野，学习、理解和尊重世界其他国家和民族的音乐文化，通过音乐教学使学生树立平等的多元文化价值观，以利于我们共享人类文明的一切优秀成果。在普通中小学音乐课程标准中则明确要求：“在强调弘扬民族音乐文化的同时，还应以开阔的视野，体验、学习、理解和尊重世界其他国家和民族的音乐文化。通过音乐教学使学生树立平等的多元文化价值观，珍视人类文化遗产，以利于我们共享人类文明的一切优秀成果。”这种弘扬民族音乐，理解多元文化的课程理念，将对我国音乐教育教学实践产生深刻的影响。

第二节 中小学实施民族音乐教育的途径及建议

一、树立民族音乐文化观与相应的音乐教育观

（一）树立多元民族音乐文化的观念

21 世纪，人类社会将更加趋于全球一体化和文化多元化的态势。全球一体化是人类科技、交通、信息网络及经济发展的必然，文化多元出自人类在不同生存的空间聚合方式适应性的进一步发展。由此，当今任何学科的发展放弃全球观察的视野孤立地谈自己的发展，或脱离自身文化传统去谈发展都是难以面向未来的。多元文化主义在许多国家音乐教育的研讨中已呈现出来。作为以多元文化为基础的世界音乐教育是当今国际音乐教育发展的总趋势，也是发达国家音乐教育的热门话题。多元文化音乐教育强调，每一种音乐传统都有其自身的传承过程，并根据音乐概念产生着自己的教育学、教学法，柯达伊、奥尔夫之类的教学策略已经显示出被民间音乐传统教学所借鉴的可能性。

音乐文化是一种“民族现象”，是一个民族存在的基础之一，世界上有多少个民族就有多少种音乐文化，并由这许许多多各具特色的民族音乐文化构成了全人类所共有的世界音乐文化。由于各民族的知识经验与思维方式受不同音乐价值观的影响，使音乐文化由于不同地域、地区和语言行为、思维方式、生活方式的差异，呈现出多元化的特征。无论在历史上还是在当代，多元音乐文化的存在是一个事实。在当今信息社会里，在不同的文化相互交流、接触、碰撞的大潮中，应对文化的格局有正确的认识。

我国的民族音乐包括民间歌曲、地方戏曲、歌舞音乐、说唱音乐、民族器乐等。以不同的艺术形式和各自的不同特点，体现了中华民族所特有的审美习惯和审美现了我国作为多民族国家的盎然生机。

尊重各个民族的音乐文化

是一个多民族的国家，各个民族的音乐文化也呈现出多姿多彩的特点：新疆

地区的音乐欢快、活泼，音乐多带有舞蹈节奏；陕甘一带的信天游音乐高亢、激昂；江南的丝竹乐悠扬动听等。地方戏曲也各有特色：京剧深厚的文化底蕴，秦腔浓郁的西部风格，黄梅戏的如歌如泣，这些中华民族的国粹不仅是中国的宝贵财富，也是全世界人民的共同财富。我们要尊重和接纳各个民族的音乐文化。在教学中，要恰当地安排不同地区、不同国家、不同民族音乐艺术和音乐文化的内容和比重，尤其要重视过去在音乐教学中曾经被忽略的一些地区、国家、民族的音乐艺术及音乐文化，引导学生树立各民族音乐文化一律平等的文化价值观，正确对待各民族的音乐文化，进而使学生有所收获，并从中得到审美享受。

除此之外，无论是在民歌的演唱上，还是歌舞表演、器乐演奏上，我们都要尊重各民族音乐的特点，尽量做到保持它的“原汁原味”。例如，在民歌的演唱方面，由于民歌在我国分布得很广，种类繁多，加之各地不同的方言，不同的风俗等，导致各地民歌的演唱方法，演唱技巧各不相同，形成了“十里不同风，五里不同音”的特点。所以在教唱民歌时，我们一定要尊重民歌本身的“完整”性，保持旋律、歌词的原始性。歌唱的语言要用当地的方言，因为我国各个不同的地区、民族都有着自己的方言和语言习惯，这些具有浓郁地方色彩的语言是演唱民歌中最重要的因素。只有这样，才能更好地继承保留各种民歌的不同特点和魅力，才能保持其民族音乐的个性。因此，在民族音乐教学中，我们要尊重各民族的音乐文化，尽量保持民族音乐的“原汁原味”，以民族音乐独特的魅力提高自身的音乐艺术价值。

2.挖掘各族音乐文化的独特价值

我国各族的音乐文化都有其独特的价值。每种文化的独特价值只有在排除偏见、歧视的前提下，才有可能被挖掘，得到确认，受到保护，进入传播与交流。例如，“一勾勾”剧种，它是我国民间音乐的稀有剧种之一，是鲁西北平原特有的一种曲调。“一勾勾”剧种的曲调质朴，每乐句后有一大跳，生活气息浓厚，确有“听见一勾勾唱，饼子贴在门框上”之妙，深受广大群众喜爱。“一勾勾”曲目丰富、广泛，唱腔多变，借古讽今，弃恶扬善，生活气息浓郁。在社会主义建设时期，“一勾勾”发挥了很好文化宣传作用，这说明它是有生命力的，蕴含着历史变迁的轨迹，弘扬着民族化。其实质就是发挥特有的地域性文化，更好地为人民服务。发掘、抢救、保勾勾”剧种，将为当地的精神文明建设起到扎实的推进作用。“一勾勾”有着根性，在新的历史时期加以提炼创新后，会起到很好的文化底蕴催生效用。

艺术价值和实用价值，当地的政府部门、宣传部门及文化馆也做了挖掘保护“一勾勾”剧种的计划，开办“一勾勾”剧种培训班，让更多的人了解“一勾勾”的渊源和腔韵，创造一个有利于发展提高的文化氛围。将“一勾勾”剧种的有关知识和基础唱腔，在中小学进行普及传播，可以让青少年认识了解所在区域的历史文化。在弘扬民族音乐文化的框架下，从青少年抓起，树立他们对民族音乐文化的认识概念。总之，每一种民族音乐文化都有它独特的价值，就看我们怎么去挖掘、去认识，并把这种特有的价值用于民族音乐教学上。

3.辩证地对待各民族的音乐文化

任何事物都有其积极的一面，也有其消极的一面，音乐文化也如此，对于民族音乐文化所含的积极面和消极面，应当运用全人类共同进步的尺度予以冷静而准确地解剖、辨析。一个民族的文化传统渗透在思想、文化、艺术、道德等各方面，通过积累、沉淀、世代相传，形成民族风习和民族精神。在社会的进程中，传统音乐有适应社会的成分，也有不适应社会的成分。但这并不意味着传统音乐文化就保守与落后。中国的音乐文化以它特有的传承方式传播了几千年，虽然有不同的外来音乐不断融入，但都被改造、同化成为中华民族的音乐文化，这表明了我们的民族音乐具有强大的生命力。我国民族音乐生命力的强大和坚韧，影响的广泛和深远，远远超出学者在书斋里“杞人忧天”的想象。用历史唯物主义的眼光，我们会看到，各民族音乐文化都有它独特的美。生活在同一社会中的人们，都有自己喜欢的音乐，对同一种音乐，不同的人会表现出不同的态度。但是我们决不能认为哪个民族的音乐先进，哪个民族的音乐落后；哪一个乐种高级，哪个乐种低级。因为不同的音乐在不同的民族，不同的社会阶层，不同的生活环境中都会有独特的作用。因此，我们要辩证地对待各民族的音乐文化。

4.用发展的眼光看待各民族的音乐文化

音乐作为民族文化生活的一部分，必然随着文化的变化而变化，随时代的发展而发展。作为历史的存在，传统音乐文化必然适应时代发展的需要，才能生存和流传。历史上凡是适应时代发展需要，符合文化动态规律的音乐，必然会得到迅速、蓬勃的发展。以发展的眼光对待每一种文化，发扬其可贵的价值，舍弃消极面，探寻其不断提高的途径。中国文化的特质规定了音乐文化的发展方式是发扬光大自身传统与善于吸收外来文化素养的辩证统一。具体说，传承民族音乐文化与发展民族音乐文化并不矛盾，且这种结合符合中国人惯于把传统的意识与现实生活感受相结合的方式。在自身民族文化的基础上发扬传统，“洋为中用，古为今用”“百花齐放，百家争鸣”是音乐文化的前提，也是音乐教育发展的基本点。各个民族只有进行多元音乐文化的交流，在交流中不断吸收外族音乐文化的精华，才能发展提高本民族的音乐文化。我们要用发展的眼光看待民族音乐教育，既要认识其作为“根”的意义，决不能采取抛弃、割断的态度，同时又要认识其不断吸收新流，不断丰富发展的意义，自觉地在继承传统的基础上大胆借鉴外来经验，进一步丰富发展我们的传统音乐文化。

（二）树立本民族音乐文化的自尊观念

对于我们的民族音乐来说，我们应本着尊重、保持、发展、弘扬的原则。就中华民族大家庭来说，各地区各民族都应尊重自己的有乡土特色的音乐文化。具有特色的乡土音乐虽然被当代许多人瞧不起，认为乡土音乐“太土”，不愿意去了解，也不想去接触，更不想接纳它。但是，就是这“太土”的乡土音乐，才使我们民族音乐文化的内涵丰富多彩，使我们的民族音乐显露出它独特的民族性和强大的生命力。换句话说，民族音乐文化就是我国各地区各民族乡土音乐的集成，尊重乡土音乐就是尊重我们的中华民族音乐文化。有了对民族音乐的自尊意识，我们才能谈得上去继承、保持和发展，在辨析精华糟粕的基础上，努力从传统中归纳总结出有鲜明特征、有规律的音乐文化体系，以便进入教育领域代代相传。同时在积极寻根，继承传统、保护自身特色的前提下，要大胆开放、广泛吸收，弘扬传统、发展传统，创建具有中华民族特色的新音乐。因此，在教学中，我们应树立一种本民族音乐文化的自尊观念，教育学生要尊重民族音乐文化，培养他们的民族自豪感。

二、确立民族音乐文化在中小学音乐教学中的主体地位

当前，要强化中小学民族音乐教学不再局限于个别课程的改革，要从建立“以中华文化为母语的音乐教育体系”的战略高度出发，树立民族音乐文化在中小学音乐教学中的主体地位。

（一）充分利用民族音乐文化资源

《义务教育音乐课程标准》指出，中国传统音乐是民族文化的重要组成部分，要善于将本地区民族民间音乐资源运用在音乐教学中，使学生从小就受到民族音乐文化的熏陶。民族音乐文化资源是现代音乐教育立足发展的根基，是多元文化教育的一个组成部分。引进民族音乐文化资源是中小学音乐教学进行民族音乐教育不可缺少的手段。

通过当地的音乐教育机构，采访收集当地的民族音乐文化资源，如地方戏曲、乡村小调、鼓子秧歌等。将其引进中小学音乐教育之内，让学生了解、掌握、感受当地的民族音乐文化，培养他们对民族音乐的兴趣。

将民间艺人和当地的表演艺术家作为“活性”资源引入中小学课堂，进行授课，以“口传心授”的方式，将他们自身最具特点的民族音乐演唱演奏专长传给学生，这是民族音乐文化资源的另一种做法。例如，“一勾勾”地域的中小学可以请“一勾勾”剧团的老演员走进学校，给学生讲授有关“一勾勾”剧种的曲调、风格、唱腔、韵味等内容，并请民间艺术家们为学生亲自表演，以感染学生，激发学生的学习兴趣。

积极挖掘本地的民族音乐文化资源。由于经济发展的不平衡，造成城乡、农村中小学教学设备的差别。农村中小学的教学设备虽然落后，但我们可以挖掘我们身边特有的音乐资源，除了引用当地的民间曲艺、小调，还可以利用自然资源，在农村广阔的天地中，中小学生天天接触和谐的自然风景，随时可以听到鸟儿的鸣唱，牛羊的欢叫，拖拉机的轰鸣，走村串乡的叫卖声。这些源于生活的音乐文化资源，如果能引入当地中小学音乐教学中，那将是对音乐文化资源充分的利用。

（二）自己编撰民族音乐教材

教材是实现教育目的的重要工具，是提高教学质量的关键。当前，中小学使用的音乐教材也安排了一定比例的民族音乐内容，在教材的后半部分也增加了本地乡土音乐的内容。但由于诸多原因，我国中小学音乐教材的使用率很低，尤其是民族音乐教学还没有得到重视。为了确立民族音乐文化在中小学音乐教学中的主体地位，我们必须根据自己的实际情况，编制自己使用的音乐教材，尤其是编制一些含有本地区地方音乐的民族音乐教材，让学生在自己熟悉的音乐环境中学习音乐，接受民族音乐的熏陶。编制民族音乐教材需要注意以下四点：

1.思想性和教育性有机结合

“加强以德育为核心的素质教育”是当前教育的总方针。培养学生具有良好的心理品质是学校教育的主旋律。民族音乐教材在选择编制内容时要充分考虑这一点，并且还要通过选择一些具有一定艺术价值的民族音乐作品来体现这一思想性。教材应将思想性与艺术性有机结合起来，体现音乐教育规律，渗透思想品德教育。

2.要有一定的趣味性

心理学家认为，兴趣是人们对某种事物或某种活动进行积极探究的心理倾向。兴趣是学习的动力，是学生主动进行学习和研究的精神力量。让学生热爱民族音乐是音乐教学中的重要目标。编制教材时一定要考虑学生的实际情况，要想使学生热爱、喜欢民族音乐，首先必须要培养学生对民族音乐的兴趣。所选的内容是否具有趣味性，能否引起学生的兴趣是编制教材时应该注意的。例如，在编制地方民歌时，可以把每首民歌的故事情节和创作背景编写进去，让学生每唱一首歌曲就像自己在讲述一个美丽的故事，把自己融入歌曲的情境中，抒发着自己的真挚情感。这样不但能提高学生对民歌的学习兴趣，还会使学生无形中形成一种民族音乐思维，从而确立民族音乐在他们心中的主体地位。

3.教材的内容要遵循学生的心理、生理特征及审美认知规律

我国民族音乐的内容丰富多彩、形式多种多样、风格特点各异。但并不是所有的民族音乐都适合青少年学生学习。在还不稳定的年龄阶段，他们无法对社会上的黑白是非作出公正的判断，缺乏评价、辨别的能力。因此，在选择内容时，应选一些符合学生心理、生理特征的民族音乐，其思想内容积极健康并具有一定的审美意义。

4.要有一定的科学性和准确性

所编教材要具有一定的科学准确性，不能盲目地凭着自己的主观意念，擅自改变地方民族音乐的“味道”，对地方音乐的旋律、曲调、节奏及谱例等都要进行严格的考察访问，使其科学准确地体现在所编的教材中。只有这样，传承民族音乐才有价值。

（三）创建民族音乐教学方法

教学方法是在教学过程中，教师和学生为实现教育目的，完成教学任务而采取的教与学相互作用的活动方式的总称。这种活动包括两个行为主体——教师和学生。教师是教的行为主体，学生是学的行为主体。在教学活动中二者相互依存，密不可分。

由于音乐自身的特殊性以及音乐教学内容与形式的多样性，决定了音乐教学方法的多样性、灵活性与包容性。民族音乐教学作为音乐教学的一部分，除了常用的音乐教学方法以外，还要建立适应民族音乐教学的方法。因此，我们要结合先进的教育理念来创建相应的民族音乐教学方法，以改变过去那种陈旧的教学方式，确立民族音乐教学在中小学教学中的主体地位。通过实践，民族音乐教学方法可以从以下两个方面来探讨：

1.体验

体验式的教学方法就是通过学生的感觉器官，感知音乐要素的基本特征，体验音乐的情感，进而想象音乐内容所表现的各种意境，理解音乐作品的社会价值和艺术价值。具体分为以下三种：

（1）聆听体验

聆听体验这种教学方法主要用于欣赏民族音乐。在教学过程中，教师为学生创造一种聆听民族音乐的氛围，引导学生体验民族音乐的情感，感受民族音乐的艺术表现力，提高学生对民族音乐的艺术审美能力，使学生对民族音乐艺术能有深层次的感受理解，并获得民族音乐审美的愉悦体验，这样有利于发展学生的思维想象力。例如，通过欣赏小提琴协奏曲《梁祝》的音乐，学生能够体验到一种人世间的真善美；听琵琶曲《十面埋伏》，学生不仅能体验到我国民族音乐的美和我国民族器乐演奏艺术的成就之高，还能感受到乐曲中描绘的古战场的情景。

（2）感知体验

感知体验主要通过学生观看教师的实际操作或使用直观教具，使学生获得感性认识来体验音乐的一种教学方法。例如，在民族音乐教学中技能技巧的练习，教师通过范唱、范奏使学生获得感性认识，来体验民族音乐的艺术特点。要让学生掌握某种民族乐器的结构特点，我们可以通过挂图或把乐器拿到现场，通过让学生观察触摸获得感性认识；要让学生掌握戏曲内容，我们可以通过录像、电脑等多媒体让学生获得相关知识，来体验民族音乐艺术的魅力。另外，还可以组织学生去实地考察，直接和有关的演员或民间老艺人交流以获得第一手材料，也可以通过演员和民间艺人的表演，直接感受民间音乐的风格特点。

（3）情境体验

情境体验是指通过给学生创造一种学习民族音乐的情境，让学生获得有关民族音乐知识的一种教学方法。例如，在教室里设置民族风情的背景，播放民族特色的音乐，穿戴民族服饰，摆放各种民族乐器，挂置民族音乐表演艺术家画像等。在这样的情境中，学生能够感受音乐、体验音乐，并能激发起学生学习民族音乐的兴趣。

2.实践

以实践活动为主的教学方法就是学生在教师的引导下，直接参与各项艺术实践活动，并在实践中感受体验音乐、表现创造音乐、正确评价音乐的教学方法。具体分为以下三种：

（1）练习实践

练习法就是指学生在教师的正确指导下，通过反反复复地做某些动作来掌握所学的知识。例如，教学生唱四川民歌《太阳出来喜洋洋》时，要先知道四川民歌的特点就是歌词语言丰富多彩，幽默而风趣，富有浪漫主义色彩。衬词衬句的大量运用最富有地方特色。《太阳出来喜洋洋》的乐句中就大量使用了牛的吃喝声和模仿锣鼓声的衬词。这些衬词使这首山歌更加形象而生动，但也增加了学生学唱的难度。在学习过程中，把握不住衬词的韵味就会影响歌曲的情绪表达。在这种情况下，我们就采用练习法，让学生反复练唱直到唱出衬词的韵味为止。此外，视唱民族乐曲、演奏民族乐器、学跳民族民间舞蹈等都需要一遍遍地练唱、练奏、练跳才能掌握唱奏跳的技能技巧。在练习的过程中，学生能够受到民族音乐艺术的感染熏陶，从而激发学生对民族音乐的学习热情。但是有一点需要注意，教师在每一次练习中都要有新的要求，学生在每一次练习中都要有新的进步和变化，这样的练习才有意义。总之，在民族音乐教学中，练习法是一种既普遍又实用的教学方法。

（2）探究发现

探究新知识是一种创新性的认识过程，它最容易引起学生的学习兴趣，激发学生积极思维和独立思考的意识，充分发挥学生的主体作用，培养学生的创新意识。马斯洛曾论述人类的两种学习过程，即内部学习过程和外部学习过程。内部学习过程对人的影响较大，是指人们通过内部学习，深化对自我的认识，探求新的知识，挖掘自身的非智力因素。例如，在我们学习地方戏曲音乐时，通过聆听探索研究该戏曲音乐的节奏特点、旋律特点、调式特点，进而发展到探究该戏曲音乐形成发展的历史渊源。然后再把这种戏曲音乐的艺术特点同其他的戏曲音乐加以比较分析，得出对该戏曲音乐的综合评述。就在这个探究发现的过程中，学生体验到了戏曲音乐的独特风格，感受到了戏曲音乐的内涵美。在学习民族乐器的过程中也有许多值得探究的问题，如为什么不同的民族乐器音色不一样？怎样才能演奏出一首富有表现力的乐曲？面对这些问题，学生就会去探索音色异同的原因，研究民族器乐演奏的技巧和方法，研究音乐作品的艺术特点和创作背景。总之，通过探究活动，使学生的创造思维得到开发，对民族音乐文化的了解也进一步加深。

（3）创造活动

在中小学音乐教学过程中，应设定生动有趣的创造性活动的内容、形式和情景，发展学生的想象力，增强学生的创造意识。例如，全国获奖录像课王蕾老师的《击鼓传乐》。在这堂课中，王老师将聆听、模仿、表演、创编等环节安排得很恰当。在创编环节中，她设计了两种方式——练习方式和表演方式。练习方式要求两人为一组，用手掌模拟小镲自编自演；表演方式就是从以上表演小组中任选一组，拿小镲进行即兴表演。这个环节调动了学生的积极性和创造性。再如，学唱山东民歌《沂蒙山小调》，让学生掌握了民歌小调的特点后，可以引导他们进行老调新唱的创造练习，在原有的曲调上添加富有时代气息的新歌词。这不仅能锻炼学生的创造力，还会提高学生对学习民间音乐的兴趣。在学习民族调式时，还可以让学生即兴创编五声调式的旋律，加深学生对我国民族调式的认识，形成民族音乐理论的思维。

总之，我们必须要引进、挖掘、合理利用民族音乐文化资源，编撰系统的民族音乐教材，建立相应的民族音乐教学方法。只有这样，才能真正确立民族音乐教育在中小学教学中的主体地位。

三、构建新型的民族音乐教学模式

音乐教学模式是由音乐教学理论转化而来的，是经过音乐教学实践检验的，是在一定的条件下取得最佳效果的教学框架，具有较好的有效性和操作性。在民族音乐教学中，除了合理选择运用一些常规的教学模式外，还必须在新课程理念的指导下构建新型的民族音乐教学模式，这样有利于民族音乐教育的普及与推广，能够真正使中小学生热爱、喜欢、接受民族音乐，实现民族音乐的传承价值。

（一）“感染熏陶”式教学模式

“感染熏陶”式教学模式就是教师通过创设某种学习情境，给学生以潜移默化的影响，从而引起学生学习兴趣的一种教学模式。在民族音乐教学中，使用这种教学模式给学生以民族音乐的感染熏陶，让学生产生学习民族音乐的欲望。“感染熏陶”式教学模式的基本教学过程是“情境—感受—兴趣”。主要有以下三种形式：

1.多看

教师应根据民族音乐作品的需要，向学生提供多种视觉材料，如图画、实物、录像、多媒体课件等。结合学生的生活实践经验，来引导学生发挥想象和联想，为音乐作品创设一个合适的情境。例如，学唱《草原就是我的家》，我们在上新课前先出示一幅“草原风光”的图画：草原里有飞驰的骏马，成群的牛羊，美丽的蒙古包，漂浮的白云和宽广的原野，听到牧民们高亢嘹亮的歌声，闻着奶茶的香味等。设置这样美丽的风景画肯定会引起学生对大草原的向往，从而激发他们丰富的想象和联想。

2.多听

音乐是靠听觉来感知的，是听觉艺术。通过多听来感染激发学生学习民族音乐的兴趣，也是感染熏陶式教学模式的一个方面。我们在进行民族音乐教学时，为学生提供了丰富的音响资料，让学生充分感受音乐形象，自觉地进入音乐情境。例如，在欣赏民族管弦乐曲《二泉映月》时，我们可以通过初听、复听、再听的方法，让学生获得对整首乐曲的初步体验；还可以通过聆听二胡与合唱形式的《二泉映月》、弦乐合奏形式的《二泉映月》、钢琴与管弦乐队演奏的《二泉映月》并加以比较分析。这样不但加深了学生对乐曲内涵的理解，也让学生感受到了不同演奏风格的特点。

3.多演

演就是把我们感受到的音乐用肢体动作表达出来，无论是欣赏课还是唱歌课，我们要让音乐课“活”起来，创造一种表演的情境来感染学生，促使学生的学习。例如，欣赏戏曲音乐时，我们可以模仿剧中的人物，分角色表演或模仿唱几句；教唱新疆歌曲时，我们可以跳几个新疆舞蹈动作；学唱《走进西藏》时，我们就配上藏族舞蹈动作。只有创造这样的课堂气氛才能感染学生，并能增强学生学习民族音乐的信心。

（二）“引导探究”式教学模式

引导探究式教学模式是指学生在教师的正确引导下，自行探索新知识的一种教学模式。这种教学模式要求充分调动学生多种感官，使其积极参与学习，让学生在自由的空间里体会学习的乐趣和探究创新的快乐。具体的做法就是教师提供一定的学习内容，指出探讨的目标，提出具体的学习要求。学生既可以研究教师提供的学习材料，也可以自己搜集补充一些研究材料。在研究中发现问题、探讨问题、解决问题，并在这个过程中掌握相关音乐知识和技能，拓宽音乐视野，提高音乐审美能力。

在民族音乐教学中，我们通过采用“引导探究”式教学模式，积极引导学生去热爱民族音乐，去了解民族音乐，探索挖掘民族音乐的独特美、内涵美，并让学生从内心去接受它，并且能运用正确的审美标准去评价、去欣赏、去表演它。

1.通过作品的比较来挖掘民族音乐的独特美

比较就是指教师给学生准备具有可比性的学习材料，引导学生观察、思考其相同点和不同点，进而认识音乐事物的基本特点，同时掌握相关的知识技能。在民族音乐的教学中，我们可以把同类同名的音乐作品，不同地区、不同民族的音乐作品进行比较研究，通过比较体会挖掘各民族音乐的艺术美。例如，关于民歌《茉莉花》，在我国仅《茉莉花》就有很多首，我们可以引导学生将同名民歌加以比较分析，体会它们的不同特点。江苏地区的《茉莉花》旋律清丽、婉转，曲调更具有抒情性；河北民歌《茉莉花》曲调柔美、细腻，它的进行速度很慢，旋律进行委婉，歌曲的结尾有较长的拖腔，拖腔采用的是吕剧的“四平腔”，它的曲调与歌曲的旋律形态基本接近；东北地区的《茉莉花》，曲调比河北的平直、朴实，歌曲的风格热情洒脱、豪迈挺拔。除了比较歌曲的艺术特点，还可以延伸到音乐文化，分析造成民歌不同风格的原因。通过对不同地区的《茉莉花》进行比较，让学生感受到三首同名民歌的独特美；可以对不同的戏曲音乐，如京剧、豫剧、河北梆子、吕剧、昆剧等进行比较赏听，体验他们不同的特点；还可以将戏曲、说唱、民歌等进行多方位的比较，无论从唱腔上还是曲调的特点上，它们都有不同的艺术风格特点。

2.通过综合分析，挖掘民族音乐的内涵美

综合分析就是先对作品进行完整、全面、整体的认识，再具体到部分进行分析，最后得出综合的评述。例如，欣赏民族管弦乐曲《春江花月夜》，我们就可以运用综合

分析的方法来探求音乐的美。乐曲通过委婉质朴的旋律，流畅多变的节奏，巧妙细腻的配器，丝丝入扣的演奏，形象地描绘了春江月夜的迷人景象，尽情地赞颂了江南水乡的绰约风姿。欣赏乐曲时我们可以分成三个步骤进行，即初听全曲—复听—再次复听。初听主要是听辨乐器的音色，判断乐器的性质，认识乐曲的调式结构，整体性地体验音乐的风格及情绪。复听要求我们具体到段落，一段一段地进行分析，通过具体分析加深初听的各种认识及体验，深入理解乐曲片段的内涵及审美价值。再次复听就是对乐曲进行全面的感受、体验与理解，尤其是要认识乐曲在艺术创作上的基本特征及乐曲的内涵美。《春江花月夜》的美感表现在许多方面，如节奏、旋律、音色、配器、创作手法等，尤其是它的民族风格。总之，通过综合分析的方法，可以引导学生讨论探究民族音乐的艺术特点，挖掘民族音乐的内涵美，培养学生学习民族音乐的兴趣。

（三）“融合”式教学模式

民族音乐教学应遵循以审美为核心的教育理念，通过对民族音乐美的感受、美的体验，培养学生对我国民族音乐的思维观念。在民族音乐教学的课堂中，我们要采用融合式教学模式来提高学生对我国民族音乐的兴趣，掌握我国各民族音乐的艺术特征，实现民族音乐的传承价值。融合式教学模式可分为以下两种类型：

1.民族音乐教学各学习领域之间的融合

在民族音乐教学中，有欣赏、表现、创造、音乐与相关文化四个教学领域，我们将这四个领域相互融合进行教学。具体说，即在欣赏音乐时，我们可以融合歌唱表现、创造、音乐与相关文化；在表演活动中，我们可以融合歌唱欣赏、创造、音乐与相关文化。这样可以使各学习领域得到强化，并促使学生加深感受、体验、理解音乐的作用。例如，欣赏京剧戏曲时，我们可以引导学生唱一唱京剧的曲调，模仿视频录像做几个动作；还可分角色表演，像《沙家浜》中“智斗”一段，找三个学生分别扮演胡传魁、阿庆嫂和刁德一。这样通过欣赏、学生参与表演，使学生能够进一步体会京剧音乐的魅力，同时提高了学生学习戏曲的积极性、主动性。再如，欣赏民乐合奏《丰收锣鼓》时，需要学生熟记主题。在教学中，我们可以让学生反复聆听这个主题，并把主题的节奏拍出来。通过认真聆听，大多数学生都能拍出来。聆听中间较为活泼的音乐时，可让几个学生模仿农耕的动作来表达劳动人民的喜悦心情。通过欣赏、表现、创造的有机融合，促使学生更形象地理解音乐，提高学生的创造能力、表现能力、鉴赏能力，进而提高民族音乐的教学效率。

2.民族音乐教学与相关学科的融合

音乐与舞蹈、绘画、雕塑、影视、文学等都是姊妹艺术，在民族音乐教学中，我们将这些学科与民族音乐教学相互融合，以提高学生的音乐文化素养，促使学生理解多元文化，激发学生尊重艺术的情感。例如，在欣赏琵琶曲《十面埋伏》时，为了让学生对琵琶丰富的表现力有深刻的理解，我们可以用白居易的《琵琶行》中的“大弦嘈嘈如急雨，小弦切切如私语。嘈嘈切切错杂弹，大珠小珠落玉盘。”让学生体验《十面埋伏》与古战场的壮烈。通过音乐与文学诗句的融合，学生很快获得了美的体验，也理解了中国古典音乐的内涵美。

除了上述教学模式外，还有一种较为传统的并且很实用的教学模式——“口传授”式教学模式。这种教学模式虽然“陈旧”，但很有实用价值。在中国的戏曲界，艺人们习惯用“口传心授”的方法。当“口传”时，师傅已经把多年对这段唱腔的感悟、体验及风格的把握和只能意会的经验完全融入其中，让徒弟们心领神会，达到“心传”的目的。在民族音乐教学中，学生通过演唱了解感受戏曲音乐的韵味，体验剧中人物的内心思想和情感。在戏曲的教学过程中，运用传统教唱的方法则大大提高了学习效率，让学生真正体会到戏曲音乐的魅力所在。

因为“教学有法，教无定法”，因此可以认为“教学有模，教无定模”。教学模式根据教学目标的需要而发生变化，只要是能够有效指导教学的模式都是好的模式。在民族音乐教学中，我们要积极探索新型的民族音乐教学模式，提高民族音乐教学的效率。

四、创造良好而浓郁的民族音乐教育的生态环境

教育离不开教育的生态环境。所谓教育的生态环境，是指以教育为中心，对教育的产生、存在和发展起着制约作用和调控作用的多维空间和多元环境系统。无论是国家、民族、城市还是家庭的民族音乐环境，都会对民族音乐教育产生直接或间接的影响。大致可概括为学校、社会、家庭三个环境。

（一）学校环境

1.更新思想观念，正确认识民族音乐教育的重要性

我们要进行民族音乐教学必须改变思想观念，认真领会新音乐课程标准的弘扬民族文化的基本理念。把这种新的理念用于实际教学中，引导并启发学生去接触民族音乐，了解民族音乐，正确认识民族音乐的重要意义。这样从领导到教师再到学生，就会形成一个在校内人人都热爱民族音乐的氛围。

2.开设民族音乐课程

现在中小学音乐教材中也增添了不少的民族音乐内容，但实际上学校讲授得不多，有的音乐教师由于自身素质的影响，缺乏民族音乐教学的能力，随意删减民族音乐教学内容。音乐教师对民族音乐的态度直接影响学生的学习兴趣。因此，我们在音乐教学中应开设民族音乐课程以此来突出民族音乐教学内容，单独把民族音乐列出来，这样就会促使音乐教师不断地去研究、去探索民族音乐知识，让他们从思想上重视起来，同时也会影响学生，让学生在民族音乐的课堂上接触了解我国的民族音乐文化，包括地方的戏曲音乐文化。在这种教学环境中，学生会受到潜移默化的影响，并能调动师生们探讨学习民族音乐的积极性，提高学生学习民族音乐的兴趣。

3.组织课外民族音乐兴趣小组

加强学生的民族音乐教育不仅需要课堂的培养，更需要课外业余活动的有力配合。课外活动和课外环境对学生起着潜移默化的教育功能。为了促进对学生的民族音乐教育，学校可组织丰富多彩的课外小组，加强学生对民族音乐意识的培养。

（1）民乐队

民乐队由笛子、二胡、古筝、唢呐、琵琶等很多具有民族特色的乐器组成。活动过程中，教师可以给学生讲解各种民族乐器的结构，教给学生掌握各种乐器演奏的技能技巧，使其认识不同民族乐器表达乐曲的风格，体会各民族乐器的优美音色。通过让学生亲眼看，亲手摸，亲自演奏民族乐器，提高他们对民族音乐的兴趣。再加上教师那富有激情的演奏会吸引很多不愿学音乐的学生，使他们也开始对民族乐器产生学习的兴趣，并有了主动学习民族音乐的愿望，同时也增强了他们对民族音乐的热爱之情。

（2）民歌队

我国的民歌种类繁多，形式多样。在训练中，可以给学生选择一些有地方特色的

民歌，可以结合学生的实际情况，从不同的角度、不同层次中选择主题鲜明，富有代表性，风格性强，旋律优美的作品，如《远方的客人请你留下来》《吐鲁番的葡萄熟了》《茉莉花》《三十里铺》《沂蒙山小调》等具有审美意义的歌曲。民歌来自人民群众，来自火热的生活，散发着浓烈的生活气息和艺术魅力，是经过实践考验的艺术精品。精心的选材结合教师生动细致的讲解，无论是草原牧歌的悠长、黄土高原山歌的高亢，还是江南小调的轻慢、劳动号子的雄浑，都能使学生产生强烈的共鸣，感受到民歌之美，激发起他们对民歌的学习兴趣和热情。

（3）舞蹈队

舞蹈艺术对发展学生素质具有很重要的作用，它具有辅德、启智、怡情、健体的教育功能。更重要的是，舞蹈对弘扬民族优秀文化起着重要的促进作用。我国是一个多民族的国家，拥有丰富的民族民间舞蹈。学生接受民族民间舞蹈的艺术熏陶不仅可以使学生领略不同民族的特殊情感的表达方式，还可以增强民族间的交流和团结。这对振奋民族精神，增强民族自豪感和自信心会起到不可低估的促进作用。因此，我们组织课外舞蹈兴趣小组，以加强民族音乐的学习。通过对各民族舞蹈的动作艺术特点的掌握，让学生领略其艺术魅力，感悟民族精神的真谛。

（4）戏曲小组

戏曲艺术作为中华民族灿烂的艺术代表绚丽多姿。但由于种种观念的影响，在中小学音乐教育中忽略了中国传统文化中戏曲知识的传播和戏曲艺术的渗透。为了振兴传统戏曲，传承民族戏曲文化，发挥戏曲艺术的教育功能，我们要大力普及戏曲艺术教育，其中开展戏曲艺术兴趣小组就是一个重要途径。组织小组活动时，我们采用欣赏表演的形式，通过欣赏优秀的名剧名段，不仅能使学生获得艺术享受，还有助于增强学生的民族自信心和自豪感。同时教师可根据学生的不同爱好，选择一些易学、易唱、易做的剧目进行表演，使学生循序渐进地进入不同角色和人物的学习中。戏曲是一种集服装、化妆、表演、舞蹈、歌唱、武术、杂技等技巧于一体的综合艺术，具有极高的审美价值。通过戏曲兴趣小组的开展，使更多的学生知道戏曲艺术是我国丰富文化遗产的重要艺术形式，丰富多彩的戏曲艺术会大大激发学生对民族音乐的学习兴趣。

4.利用校园广播站、宣传栏开设民族音乐专题专栏

校园广播站、宣传栏是宣传学习知识的重要窗口。我们可利用这两个窗口设置民

族音乐专题专栏。广播站可通过两种形式进行：一是民族音乐专题知识讲解；二是民族音乐展播。可以每天播放一些优秀的民族歌曲、民族乐曲、戏曲，通过听觉使学生体验到民族音乐的美。宣传栏可以设置民族音乐专栏，搜集有关民族音乐的素材，通过知识小问答，著名表演艺术家的舞台剧照以及民族乐器的图画展示，使学生直接感受到民族音乐的独特风貌。

5.举办民族音乐学习沙龙

经常举办一些比赛、文艺汇演，给学生创造展示的机会。比赛的内容包括民歌演唱比赛、民族乐器比赛、戏曲演唱、民族舞比赛及才艺展示比赛等。这样不仅能调动学生的比赛积极性，还可以培养学生的集体合作意识，提高他们的思想素质。每周的团日活动也是学生展示才艺的好机会。另外，还可以举办民族音乐知识竞赛，促使学生主动搜集民族音乐的有关资料和材料，便于让学生掌握我国的民族音乐文化。

6.邀请表演艺术家来校做专题报告或表演

为了加强民族音乐教育，学校可邀请专家来学校做专题报告并对学生进行实践指导。通过专家的讲演，学生不但可以学到很多知识，还能激发学生的学习热情。

（二）社会环境

民族音乐教育不能仅局限于学校，还要延伸到社会这个大环境。校外民族音乐教育比校内更具有灵活性和多样性，因此学校的民族音乐教育应该不断走出课堂，走出学校，积极参加社会上的一些艺术实践活动。具体包括如下内容：

第一，参加社会上组织的文艺汇演或比赛。

第二，组织学生去音乐厅欣赏各类民族音乐会、独唱音乐会、独奏音乐会、戏曲京剧音乐会。

第三，带领学生到各艺术团体进行民族音乐艺术交流。通过亲眼看到的，亲耳听到的获得一种直接的感知信息。让学生直接接触艺术表演的实际情境，会大大促进他们的学习热情。

第四，组织学生到社会上去采风，搜集地方民族音乐素材。教师可以组织学生以小组的形式进行参观采访，让学生亲身体验地方生活习惯、风土人情，了解地方音乐形成历史、发展概况以及地方音乐的传承情况。

第五，政府及相关部门应积极开展地方戏曲的展播。

第六，当地有关文化教育机构还可以组织戏曲学习班。邀请一些有名的民间艺术家给学生传授地方戏曲的唱腔和有关的地方戏曲知识，让学生从小就产生对民族地方戏曲的热爱之情。

（三）家庭环境

发展民族音乐教育，除了学校环境、社会环境外，还有家庭环境。家庭是学生最早接触的小社会，是学生早期社会化的主要场所。而家庭中的父母作为学生重要的抚养者，对学生各方面的发展起着不可替代的作用。家庭教育是每一个人从自然人发展成社会人，实现人的社会化的必由之路。在家庭这所“终生不能毕业的学校”里，人人进行着灵魂的塑造、性格的陶冶和行为的养成。因此，通过家庭环境进行民族音乐教育也是不可缺少的一个方面。

首先，引导孩子参加民乐学习班，如二胡学习班、古筝学习班、葫芦笙学习班等。从小让他们接触我国的民族乐器，培养他们对民乐的兴趣。

其次，经常和孩子进行民族音乐的语言交流，如通过电视，有时能看到陕北信天游擂台赛，还能听到阿宝的原生态唱法以及他那朴素的陕北人的装束，还能看到各民族的歌舞音乐等。这些都可以和孩子交流，给他们讲解民族音乐的艺术特点，无形中孩子就受到了民族音乐的熏陶。

最后，家长要注意自己多掌握、搜集一些民歌、民乐、戏曲的资料，充实自己，这样才能正确引导孩子去接受民族音乐。

总之，民族音乐教育要发展必须创造良好而浓郁的民族音乐教育的生态环境。通过学校环境、社会环境、家庭环境三种氛围的影响，使学生热爱民族音乐，真正实现民族音乐的传承价值。

五、建立一支师资力量雄厚的民族音乐教师队伍

21 世纪理想的音乐教师是音乐艺术与教育艺术的专家。他们是具有丰富教学经验和教育知识的教育家，同时又是具有突出音乐能力的音乐家，有丰富音乐知识的音乐理论家和音乐教育家。他们在教学技能、教学观念上都具有其独特的素质。但在民族

音乐教学中就缺少高素质的民族音乐教师，以致影响了民族音乐的传承和弘扬。要想实现新课程标准中民族音乐文化的传承，体现弘扬民族文化的教育理念，必须建立一支师资力量雄厚的民族音乐教师队伍。

（一）要拥有民族音乐为主体的思想意识

民族主体意识其核心内容是指明确和强调民族音乐在学校音乐教育中的主体地位，培养学生认真审视民族音乐的美学价值。作为一名高素质的民族音乐教师，必须要具有民族音乐的主体意识。

1.应掌握一定的民族音乐理论

民族音乐教师要掌握一定的民族音乐理论，懂得分析一些民族调式，辨别各民族音乐的艺术特点和风格，能辩证地讲解一些传统音乐理论中存在的歧义。例如，我国的五声音阶音乐，由于受西方音乐的影响，在理论上产生了一切以西方音乐为准绳的意识，从而认为我国的五声音阶是落后的，西洋大小调的七声音阶是先进的。要想解释这种观点，改变人们的这种思想意识，教师必须掌握大量的中国传统的音乐理论知识，这样才能使人们树立正确的思想观念。五声音阶、七声音阶都有各自的特点和风格，没有先进与落后之分。除了乐理知识还要了解各民族音乐产生的背景以及历史发展的渊源，为民族音乐教学打好基础。

2.要具有一定水平的演唱、演奏能力

歌唱是普通音乐教学的主线，音乐教师必须掌握自然流畅、富有音乐表现力的演唱技能。特别是民族歌曲的教学，更需要教师具有高素质的表演能力。不论从咬字、吐字上还是唱腔的运行上，都要非常准确，这样才能做到“字正腔圆”“韵味浓厚”。

作为教师必须会吹奏多种民族乐器，并且要具有相当的演奏水平，这样才能引导学生、感染学生去学习民族乐器。另外，教师还要能编创简单的民族乐器给学生练习。

3.应熟悉各民族民间音乐

要给学生一杯水，教师要有一桶水。只有教师自己熟悉掌握各民族民间音乐，给学生传授时才能感觉到游刃有余，结合多元音乐文化的教育理念，尊重各民族的音乐。并且能做到即兴演奏民族乐曲，通过表演激发学生对民族音乐的探究兴趣。

4.要热爱戏曲音乐

教师自身在教学过程中所体现出来的态度对学生产生了一种潜在的影响。如果教

师表现出积极的态度，就能激发学生学习戏曲的兴趣。当教师教唱戏曲时，教师用丰富的表情、优雅的手势、有腔有韵的演唱来影响学生，使学生感受到听教师演唱胜过演员的演唱。教师介绍戏曲知识的激情，流露出对戏曲音乐的陶醉都会感染学生，让学生明白戏曲是我国的宝贵文化财富，是我们的先辈代代相传的精华。

（二）有一定的创新精神，做民族音乐教育的研究者

在传统的教学中，教师的教学活动和研究活动是彼此分离的，教师的任务只是教学，研究被认为是教育专家的“专利”。这种教学与研究的分离不利于教师的成长和发展，也阻碍了教学的发展。因此，在民族音乐教学中，我们要求教师要有一定的创新精神，做民族音乐教育的研究者。只有这样，才能使民族音乐教学得以发展，才能提高民族音乐教学的质量。

研究的内容大致有五部分：其一，能在现有的民族音乐理论基础上，利用先进的教育理念创造出新的理论成果；其二，结合弘扬民族音乐文化的理念，研究民族音乐的传承与发展；其三，研究民族音乐教学方法；其四，研究民族音乐教学模式；其五，研究民族音乐教育的评价机制。

除了这五个方面，还有许多问题等着民族音乐教师去研究、去创新，以便指导我们的教学。民族音乐教育要振兴、要发展、要立足于世界必须要有研究型的民族音乐教师，必须做创新的民族音乐教育研究者。

（三）能自觉肩负起传承弘扬当地民族音乐文化的职责

作为一名民族音乐教育者，其有责任传承当地的民族音乐文化，积极配合当地的文化部门做好保护传承当地民族音乐文化的计划。主要体现在以下五个方面：其一，通过采风搜集当地民族音乐文化的资料；其二，经常与民间艺术家交流请教，了解当地民族音乐文化内涵；其三，在社会上能够积极宣传、普及、推广当地的民族音乐教育；其四，在学校教学生积极传唱地方戏曲民歌；其五，积极撰写弘扬民族音乐文化的论文专著等。

总之，民族音乐教育要发展，必须有一支高素质的民族音乐教师队伍，有民族音乐为主体的思想意识，能结合新理念进行民族音乐教学，有一定的创新精神，能研究民族音乐理论，肩负起弘扬当地民族音乐文化的职责。只有这样的具有创新意识的民

族音乐教师，才能使我们的民族音乐教育呈现出生机勃勃的现象，使我国的民族音乐教育不断发展。

第三节 基于民族音乐文化传承的中小学音乐教学实施策略

一、明确中小学民族音乐教学实施目标

通过对民族音乐的实践、体验、探究等学习活动，让学生逐步喜爱民族音乐、能简单表演民族音乐，从而提高其对民族音乐的兴趣及审美能力。

（一）情感态度与价值观

在丰富多彩的民族音乐实践活动中激发学生学习民族音乐的兴趣，使其产生积极的情感反应；在有感情地演唱、演奏、综合表演民族音乐中使学生逐步形成良好的民族音乐学习态度；重视民族音乐文化，逐步培养爱国情操，并让学生懂得艺术文化的博大精深，具有海纳百川的胸怀，养成积极健康的审美能力。

（二）过程与方法

在听、动、演、赏、创等多种形式的民族音乐学习过程中，通过聆听、感受、模仿、探究、合作等活动，提高学生民族音乐学习能力。

（三）知识与技能

通过民族音乐的学习，掌握一定的民族音乐基础知识，使学生获得感知、表现、鉴赏、创造音乐的基本能力；热爱我国优秀的民族音乐，以多种方式拓展民族音乐视野，提高民族音乐文化素养。

二、中小学民族音乐教学的内容选编策略

（一）确立民族音乐教学内容的实施标准

立足音乐学科特点，尊重学生审美心理发展特点，确立课程内容。以现有教材为起点，以音乐发展为线索，以学生实践为主体，突显民族音乐文化特色，编排教材内容。

（二）明确民族音乐教学内容的实施原则

1.普遍性原则

在民族音乐校本课程开发的过程中，所选编的课程内容应该是与学校学生的身心发展水平、认知水平之间相平衡的。在学生预期可掌握的知识范围之内充分发挥课程资源的教育价值。

我国各民族都具有不同风格的民族音乐，因此在开发过程中课程内容是丰富繁多的。这些可以为民族音乐校本课程的内容提供充足的养分，在内容的选编上，将这些优秀的资源优化利用，使课程丰富多彩。

2.发展性原则

我国的民族音乐种类繁多，而校本课程中选编的民族音乐文化往往是民族音乐中的精品，具有代表性，其文化含量和艺术地位都是比较高的。然而，在编写民族音乐的校本课程中不仅要体现文化的传承，还要有与时俱进的动力，使其在传承中发展，以提高民族音乐的吸引力。

3.可行性原则

在民族音乐校本课程内容选编的过程中，要充分考虑所选编的内容资源符合时代背景，具有可操作性。重视民族音乐学习中各个领域的均衡性，能保持合理恰当的比重，充分考虑在课程进行中影响课程进行的困难与障碍，确保课程的顺利进行。

（三）遴选合适的民族音乐教学资源

教学资源是学科各因素的来源，是实施教学的前提。有学者根据课程资源的功能特点，将课程资源的概念分为广义与狭义。广义的课程资源是指有利于实现课程和教学目标的各种因素，其中包括知识、经验、人力、观念、物力、财力、环境等因素；

狭义的课程资源指能够直接服务于教学活动的因素，包括教材、教具、仪器设备等有形的物质资源，也包括学生已有的知识和经验、家长的支持态度和能力等无形的资源。按空间来分，分为校内教学资源与校外教学资源，凡是在学校区域内的教学资源就是校内教学资源，在学校区域外的资源就是校外教学资源；也可以依据实际从不同的角度进行划分。由于划分标准可以是多种多样的，定义也要相对进行调整。校内教学资源可以包括提供素材的教学资源和具备条件的教学资源，校外教学资源也同样包括提供教材的教学资源和符合条件的教学资源。

三、中小学民族音乐教学实施策略

（一）中小学音乐课堂教学中民族音乐教学的实施策略

1.中小学民族音乐课堂教学之低年级实施策略

（1）听赏感受，体验民族音乐之美

在低年级学生的教学中主要运用听唱、肢体表现等方式建立对民族音乐的基本感受，使其愿意感受民族音乐，初步具有学习民族音乐的兴趣，能逐步养成喜爱民族音乐的态度。在教授民族音乐的过程中，教师要善于引导学生积极参与有关民族音乐的各项艺术体验活动，让其对民族音乐进行体验和模仿，初步形成良好的民族音乐学习习惯，初步体验民族音乐的美感。下面是具体课例：

课例 1：草原就是我的家

本课的教学目标是学唱蒙古族风格的歌曲《草原就是我的家》。通过歌曲的学习，使学生初步感受蒙古族音乐，了解蒙古族的音乐文化和风土人情。针对这样的教学内容，根据学生的审美心理发展特点，教师尝试运用感受、听唱、律动等方式建立对蒙古族音乐的基本感受。

在教学中，首先播放了具有蒙古族特色的音乐——《下马酒》，以引导学生初步感受蒙古族音乐的辽阔，同时观看教师模仿献哈达、敬酒，初步感受蒙古族的音乐文化。接着，运用多媒体手段，以《草原就是我的家》为背景音乐，带领学生了解蒙古族人民的居住环境，总体了解内蒙古草原的风貌和蒙古族的风俗习惯。在此过程中，学生不但能身临其境地感受蒙古族的文化，还在不断地聆听本课需要学习的音乐，引导学生在听觉领先的策略中，潜移默化地熟悉音乐。最后，让学生伴随着蒙古族音乐的风格特点，运用蒙古族特色的律动形式自由体验音乐情绪，在聆听音乐后，和教师合作演唱歌曲。在这一过程中充分体现蒙古族音乐宽广、高亢的特点，并能在音乐伴奏声中有感情地演唱歌曲。

本课的学习旨在各种民族音乐活动中体验、模仿、学唱歌曲，更加适合学生的音乐审美心理特征。教师通过聆听、感受、模仿、体验等一系列音乐活动，引导学生初步了解蒙古族音乐，充分体验民族音乐的美感。

（2）感知模仿，表现民族音乐之美

低年级学生在充分体验不同的民族音乐特点的基础上进行感知模仿，在这一过程中，他们可进一步了解部分民族音乐的基本要素，并进一步模仿该民族的歌舞，如蒙古族音乐的音域宽广、情感深沉、草原气息浓厚，他们的舞蹈有筷子舞等民族特色舞蹈，乐器有马头琴等。维吾尔族的音乐热情、奔放，音乐节奏清晰，他们常用的乐器有热瓦普等。在进一步了解各民族的音乐基本要素之后，他们能自然、有感情地简单表现所学民族的音乐。

课例 2：民族花一朵——蒙古族

本课的设计旨在课例 1 的基础上进行拓展和提升，目的是让学生能够表现出蒙古族音乐之美。针对蒙古族音乐进行更加充分的体验，并能够使其感知、模仿蒙古族特色舞蹈，简单表现具有蒙古族特点的舞蹈。

讲授这节课时，教师首先引领学生进入“蒙古草原”的音乐情境中，通过模拟举行蒙古族的盛会“那达慕”大会，让学生在活动中了解蒙古族的风俗文化，吸引学生的好奇心。让学生在蒙古族的“那达慕”大会中展开想象和联想，通过回忆《草原就是我的家》，结合蒙古族音乐的特点，想象自己站在蒙古草原上舞蹈。这时，教师向学生介绍蒙古族舞蹈并一起来学一学蒙古族的特色舞蹈——筷子舞，即舞者双手运用筷子按照音乐的节奏敲打手部、肩部、腿部等，筷子敲打的声音清脆、节奏清楚、活泼明快，教师采用逐层递进的教学策略，逐步引导学生学会筷子舞。另外，挤奶舞也是表现蒙古族劳动的舞蹈。该舞蹈有简单的模仿蒙古族劳动人民挤马奶的简单动作，还有蒙古族特色的笑肩等动作。挤奶舞让学生在感受舞蹈艺术魅力的同时，还能感受蒙古族人民热爱劳动、热爱生活的真挚情感。整堂课，教师通过充分地体验、模仿、感知、表现等教学策略，让学生充分感受蒙古族人庆祝丰收的喜悦心情，感受蒙古族舞蹈丰富多彩的艺术魅力，并将自己学到的舞蹈动作在歌曲表演中加以实践。

本节课在充分体验蒙古族音乐特点的基础上，进一步模仿、了解蒙古族的音乐元素，引导学生能自然、有感情地表现所学的民族音乐。

2.中小学民族音乐课堂教学之中高年级实施策略

（1）感知鉴赏，提高民族音乐学习能力

在听、动、演、赏、创等多种民族音乐学习实践活动中，通过聆听、感受、模仿、合作等方法策略，进一步提高学生民族音乐学习能力，使其领悟各民族的音乐基本要素及音乐文化；了解一定的民族音乐基础知识，了解优秀的民族音乐作品，逐步拓宽学生的民族音乐文化视野，让其掌握简单的民族音乐基本特点。

课例 3：新疆是个好地方

针对中小学高年级学生的音乐审美心理特征，教师在教授《新疆是个好地方》这首歌曲时，要在进一步激发学生学习民族音乐兴趣的同时，引导学生通过听、动、演、赏等多种民族音乐实践活动，以进一步提升民族音乐学习实践能力，了解新疆维吾尔族的音乐基本要素和音乐文化。

教师是这样设计的：首先，整体感受歌曲，在感受歌曲的同时运用多媒体带领学生领略新疆的美丽富饶，调动学生学习该民族音乐的积极性。这也是音乐学习中听觉领先、动觉切入的教学策略。在学生对音乐有了整体感受之后，教师再通过介绍这片美丽富饶的国土上居住着能歌善舞的民族——维吾尔族，让学生了解维吾尔族音乐优美，节奏鲜明，情绪欢快活泼的特点。维吾尔族主要的伴奏乐器有手鼓、热瓦普等，这些非常有特色的乐器能激发学生的好奇心，因此学生的学习兴趣也非常浓厚。在对新疆维吾尔族音乐文化有了初步了解之后，引导学生聆听歌曲演唱的内容，体验歌曲所要表达的情感。这首歌曲介绍了新疆各地的丰富特产，歌曲中这样写道：“新疆是个好地方，天山南北好风光，富饶的花园结瓜果，肥沃的草原放牛羊。伊犁河的苹果甜又大，吐鲁番的葡萄把名扬，阿勒泰的金子闪闪发光，和田的玉石更漂亮。”从这些歌词中让人感受到新疆的物华天宝，人杰地灵。这时，学生在被歌曲深深吸引的同时，都能积极主动地去感受歌曲所表达的异域风格和维吾尔族音乐特有的切分节奏。最后，在模仿、律动体验、合作学习等音乐活动中，让学生逐步掌握维吾尔族音乐的基本特点。

本节课在聆听、感知、合作演唱等教学活动中提高学生民族音乐学习能力，让其领悟不同民族的音乐要素和音乐文化。

（2）学科整合，实践民族音乐之美

在高年级学生的学习中，学生有了一定的知识积累及学习能力，因此在高年级教学的过程中，加大本课程与其他课程的整合，在挖掘其他学科课程民族艺术教育元素的同时，拓展民族音乐教育的渠道。例如，在语文学科中开展关于部分少数民族的人文风情和传说故事的分享和调查，配合课程实施了解民族音乐中所介绍的民族历史、音乐发展等知识；在美术课程中，引导学生了解部分民族的服饰、民族特色造型等，将视觉与听觉艺术相结合。通过学科整合，引导学生更全面地了解民族风情，从而进一步了解民族音乐特点，在不断听、唱、奏、说、画等实践活动中，实践民族音乐之美。

课例 4：民族花一朵——维吾尔族

本课的设计旨在课例 3 的基础上进行拓展和提升，目的是让学生能够表现出维吾尔族音乐之美。针对维吾尔族音乐，让学生进行更加充分的感知，并使其能够模仿、表现具有维吾尔族特点的舞蹈。

在初步介绍、演唱维吾尔族的音乐基础之上，教师进一步对维吾尔族音乐进行课程整合教学，拓展民族音乐的学习渠道。复习演唱歌曲《新疆是个好地方》之后，引导学生了解维吾尔族的人文风情、饮食文化、服饰、民族特色造型等；将人文素养、视觉与听觉艺术相结合，让学生更全面地了解民族风情。接着，引导学生运用身体律动实践民族音乐之美，学跳简单的维吾尔族“手鼓舞”。同时，介绍不同的维吾尔族舞蹈种类，让学生直观了解不同的维吾尔族舞蹈的风格特点，并通过欣赏手鼓舞，介绍手鼓舞，使其学跳手鼓舞，感受维吾尔族音乐热烈、欢快的情绪特点，体验维吾尔族人民庆祝节日时的愉悦心情。在体验舞蹈的欢乐氛围时，通过教师的示范，拉近学生与民族舞蹈间的距离，提升他们对学习民族舞蹈的兴趣，使其加深对民族文化的了解。

在中高年级的课堂教学中选取一个年级开发民族音乐校本课程，将民族音乐校本课程设定为必修课程。在必修课中，保证该年级全员参与，配合课程内容实践民族音乐，包括演唱该民族歌曲、学跳并表演该民族舞蹈等，以确保学习的全民化、系统化。

（二）中小学音乐活动中民族音乐教学的实施策略

1.中小学民族音乐活动中低年级实施策略

（1）参与兴趣小组，培养民族音乐实践兴趣

依据教师专业及学生家长资源，开展民族音乐兴趣小组活动。低年级学生的兴趣

小组，以培养学生兴趣为出发点，兴趣小组可以以舞蹈小组、合唱小组为主。舞蹈小组主要为喜爱民族舞蹈的学生提供平台，舞蹈小组的学生可在早上开展排练活动。学习舞蹈不仅能够塑造学生的形体，还能提高学生民族艺术修养。教师还可以组织合唱小组，为喜爱唱歌的学生提供平台。在学校有限的学习时间里难以满足学生对歌唱作品的需求，通过兴趣小组，教师不仅可以教授学生提升歌唱水平的方法，还能借此引导学生接触和演唱不同民族的歌唱作品。这对激发学生学习民族音乐的热情具有很大的作用，能进一步促进民族音乐文化的传承。

（2）参与艺术综合实践，提高民族音乐表现能力

作为低年级的教师，要让学生喜爱民族音乐，乐于交流民族音乐。因此，在学校活动中，除了开展兴趣小组提升民族音乐技艺以外，还要搭设交流民族音乐的平台，引导学生敢于交流，乐于交流。学校可以将低年级艺术节活动设定为民族音乐交流活动，以民族音乐文化为主题，根据各阶段所了解的民族音乐文化选择性地进行展示交流。在活动中，让学生充分感受民族音乐文化是学校艺术文化活动的重要组成部分，是美育的重要一环。在校园布置中，让民族音乐文化随处可见，将来自不同民族的音乐、民族的特色展示在校园文化墙上。通过一系列的艺术活动，努力提升学生民族音乐文化技艺，让民族音乐活动更加丰富多彩。

2.中小学民族音乐活动中高年级实施策略

（1）参与兴趣小组，提升民族音乐实践能力

中高年级的兴趣小组，依据教师专业及学生家长资源开展民族音乐兴趣小组活动。兴趣小组可分为舞蹈小组、器乐小组、合唱小组等。通过低年级的学习，相信学生对民族舞蹈会有一定的认识，在认识的基础上提升舞蹈兴趣小组的要求，通过舞蹈的学习不仅能够提高学生的形体塑造，更能够提升学生的民族艺术修养。器乐小组以民族乐器为主，学校可组织先开展民族打击乐、古筝、葫芦丝等较为常见的且较易掌握的民族乐器小组，这样不仅能通过技能学习提升学生民族音乐文化素养，还能充分激发学生学习民族音乐的兴趣。合唱小组可以为喜爱唱歌的学生提供演唱条件。我国有大量优秀的民族音乐歌唱作品，高年级学生可在低年级的学唱基础上，提升演唱民族音乐歌唱作品的难度。通过兴趣小组，教师在不断提升学生歌唱水平的基础上，不断引导学生接触和演唱不同民族的歌唱作品。这对激发学生学习民族音乐的热情，提升学生的民族音乐实践能力具有很大的作用，可以进一步促进民族音乐文化的传承。

（2）参与各项艺术活动，拓展民族音乐表现能力

①校、家、社共促成长

教师在引导学生学习、演唱、表演、传承民族音乐文化的同时，可以把民族音乐文化知识带到家庭、社区，以加强学校与家庭、社区的联系，加强民族音乐文化的认同感，让民族音乐为学校教育注入新的活力，带动学校艺术教育活动的发展。

②传统、现代融合发展

传统的民族音乐可以与现代元素相融合，在传承传统的同时注入新的活力。民族音乐的展现也可以是多元化的，除了唱、奏、演，还可以有说、念、画等动静结合的艺术之美。通过民族音乐的教学，在不断挖掘和发展学生民族音乐素质和能力的同时，不断培养学生对中国民族音乐的认同感和喜爱感，提升他们对中华优秀民族音乐艺术表现的热爱。在内容丰富、形式多样的民族音乐学习活动中引导学生感知、体验民族音乐，并获得相应的知识与技能，在民族艺术实践活动中能表现、创作民族音乐，逐步形成对民族音乐艺术的鉴赏和评判能力。

③学以致用促成长

学校还可以开展丰富多彩的“校园民族音乐文化节”活动。通过兴趣小组的学习、班级的宣传、学生个人的参与等方式，组织学生参与学校的“校园民族音乐文化节”活动。民族音乐文化节形式和内容多种多样，包括民族音乐知识问答、民族音乐技艺展示、民族音乐文化交流等方式。通过一系列活动，评选出不同项目的最佳集体和个人，以鼓励更多的学生参与到民族文化活动中。通过这一系列的民族音乐文化活动，不仅能让更多的学生得到民族艺术实践的机会，让学生更明确自己对民族音乐文化的认识，还能激发学生对民族音乐的兴趣，发展学生关于民族音乐技艺的才能。并通过活动，增强了同学之间的交流和友谊，培养了学生的团队合作精神。学生还可以积极参与校外公益演出及比赛，当今社会是一个开放的社会，学生对自己所学的音乐成果也需要不同的展示平台，不少社区、机构、社会公益演出等都能够为学生提供展示的舞台。在这样的舞台上，学生能够发挥自己的特长，使自己所学的民族音乐技艺得到更广泛的传播。

当然，开展课外活动需要学校、家庭、社会的支持，学校对学生课外活动的关心是学生的动力，家长对学生课外活动的支持是基础，而社会可以为学生民族文化技艺的传播搭建良好的平台，三者缺一不可。

四、中小学民族音乐教学实施评价策略

（一）确定民族音乐教学评价的原则

1.评价内容围绕民族音乐，并呈多元化。

2.围绕民族音乐文化，开展多种评价相结合，评价方式呈多样化。

3.结合学生年龄与能力的特点，评价围绕民族音乐学习过程，呈差异化。

4.关注每一个民族音乐学习细节，评价语言呈具体化。

（二）确定民族音乐教学评价的内容

课程评价内容以民族音乐课程学习的内容与要求为依据，分为三个维度的内容，分别是对情感态度、知识技能和表现能力的民族音乐学习主题进行评价。

（三）确定民族音乐教学评价的方法

1.形成性评价与终结性评价相结合

建立学生个人成长记录袋，包括民族音乐校本课程学习的日常形成性评价和终结性评价两个方面：一是对学生学习民族音乐过程进行即时的评价，可以用五角星、三角形等符号表示记录；二是对学生民族音乐学习成效进行终结性评价，包括学习情况、参与情况、表演情况、获奖情况四个方面。

2.自我评价与互评、师评相结合

在民族音乐的学习过程中适当进行自我评价。自我评价是教育教学逐步向平等化、人性化发展过渡的体现，它使被评价者从被动接受评价到主动参与评价，而互评与他评的参与者可以是同学、教师、家长等共同参与，大家的评价相互交融，这样增加评价的互动性，从而使学生更加专注地去关心其他同学的表现而后自我对照，寻找差距，使评价过程成为一个重要的学习过程。自我评价、相互评价及他人评价这三种评价手段相结合，可以使学生能够更好地认识自己所学的民族音乐技能，可以使学生学会客观地去评价他人所学的民族音乐文化知识，对学生交往能力的培养也能起一定的作用。教师对学生学习民族音乐文化的评价具有总结性的作用，教师的评价主要是表达教师对学生学习民族音乐的期望，可以通过给学生鼓励、肯定及指出学习民族音乐过程中

的问题，指明今后学习民族音乐的方向等方式进行评价。

（四）确定民族音乐教学评价的表述

在民族音乐学习的评价中，不同的评价方式可采用不同的表述方式。日常评价可用不同的评价符号，如五角星、三角形、圆形等代替；期末进行汇总、总结性评价可用“优秀”“良好”“合格”“不合格”等第制评定。

第四节 中小学开展民族音乐教学的有效途径

在中小学开展民族音乐教学是一个具有特殊意义的教学组织活动，需要我们精心策划，认真安排，在教学实践中努力探索方式方法，及时总结成功经验，不断开发有效途径。在这个领域，音乐教师大有可为。由于民族音乐教学是在音乐学科教育学的框架之内进行的，因此我们既应遵循音乐教学的普遍规律，也必须重视民族音乐教学的特殊性质。音乐教师要掌握音乐教学的一般方法和常规的音乐理论与技能，也必须熟知民族音乐的基本形式，并能够演唱民歌、演奏民族乐器、讲解民族音乐的人文知识和社会意义。在教学理念、合格师资、课程资源、教材内容、课堂教学、课外教育等方面，将音乐教学的普遍准则与民族音乐教学的特殊要求有效地结合起来。

一、明确民族音乐教学理念

音乐课程教学的基本理念是指导音乐课程实施的理论基础，对规范音乐教学方式和音乐学习方式具有十分重要的意义。据音乐学科教育学权威专家的研究表明，教师的教育观念对他们的教育态度和教育行为有着显著的影响。教师的教育教学行为是在教育观念的背景下展开的。不同的思想支配不同的行为，有什么样的教育观念就有什么样的教育行为。当代世界著名的音乐教育体系及教学法，无一例外都是以现代的音乐教育思想和观念为基础形成的。

《义务教育音乐课程标准》指出，“应将我国各民族优秀的传统音乐作为音乐课重要的教学内容”，“随着时代的发展和社会生活的变迁，反映近现代和当代中国社会生活的优秀民族音乐作品，同样应纳入音乐课的教学中”。《义务教育音乐课程标准》是站在高度的民族性和广泛的世界性立场上，从文化视野和审美观念上对民族音乐加以认定，这是我们一定要悉心领会，切实把握的。

我国的民族民间音乐源远流长，它是中华民族共同创造，并不断吸收世界各国和各民族优秀音乐文化的精髓发展而成的。我国的民族音乐凝聚着中华民族的伟大精神，凝聚着民族艺术的精华，体现了中华民族的意志、力量和追求。56 个民族拥有数以万计色彩独特的民歌，它们是取之不尽，用之不竭的艺术宝库。品种繁多的民间歌舞、民间器乐、曲艺及戏曲种类都具有鲜明的音乐风格。在民族音乐文化的学习过程中，教师可以向学生充分展示中华民族的音乐风采，这是开展爱国主义、民族精神教育的重要途径。通过民族音乐欣赏、表演和创作等实践，青少年心中树立起饱满的爱国主义精神、民族热情以及民族文化自信。这些论述是对确立“弘扬民族音乐”理念科学性、必要性的又一次深刻诠释，其向中小学师生展示出了一道亮丽的风景线。在开展民族音乐教学的过程中，只要我们不数典忘祖，就一定不会宝山空回。

二、造就民族音乐合格师资

在中小学开展民族音乐教学活动中，最活跃的因素是参与活动的师生。对于音乐教育来说，音乐教师首当其冲地处于最为关键的地位。音乐教师是更贴近民族文化、民族音乐的施教者，是学生对待民族文化、民族音乐的榜样和引导者。音乐教师能否准确地理解民族音乐教学课程、真正接受民族音乐教学课程、热情投入并积极实施民族音乐教学课程，在一定程度上决定着中小学开展民族音乐教学的成败。这就要求教师在教育观念、艺术修养、知识结构、业务能力等方面，既有教学实践，又有理论研究；既熟悉教育规律，又了解教学艺术。然而，这样的教师并不是与生俱来的，而是在开展民族音乐教学的实践过程中，在原有经验的基础上调整教育观念，更新知识与技能，提高素质及修养，使自己的教学身份得到新的确认，使自己的教学行为得到升华，才能够造就的。

著名教育理论家苏霍姆林斯基曾说：“能力、志向、才干的培养问题，没有教师的个性对学生个性的直接影响，是不可能实际解决的。能力只能由能力来培养，志向只能由志向来培养，才干也只能由才干来培养。”中小学音乐教育的目标是“通过教学及各种生动的音乐实践活动，培养学生热爱音乐的情趣，发展音乐感受与鉴赏能力、表现能力和创造能力，提高音乐文化素养，丰富情感体验，陶冶高尚情操”。这就必然要求从事民族音乐教学的教师应该是教育对象的楷模与表率，一定要具备相应的能力、志向和才干，这就对音乐教师在基本素质方面分别提出了特殊的要求。

（一）要具有强烈的民族音乐认同感、使命感

音乐教师必须对祖国和人民、对传统文化、对民族音乐有深刻的认同和厚重的挚爱。这种情感是一种深沉的、执着的、理性的爱。正如人们所比喻的，是根对生长它的土地的爱。另外，要对自己所从事的职业抱有高度的事业心，对所教的学生怀有强烈的责任感，热爱音乐教育事业，赞赏民族音乐教育，努力以最高标准完成教学任务。

（二）要具有良好的民族音乐知识与技能

中小学音乐教师不但要具备全面的音乐基础理论修养和视唱、听音、声乐、键盘、指挥、创编等知识技能，而且在民族音乐教学方面还必须提高三方面的技能：其一，在表演方面。音乐教师应兼备具有对民族音乐的理解能力和娴熟的技艺。他们应有演奏民族乐器和演唱民族歌曲的能力，能表演过去和现在民族音乐中具有代表性的作品，并具有即兴表演的能力。音乐教师应能运用民族乐器进行伴奏，能范唱和指导学生演唱一个段落或整首民歌，能督导、示范和评价学生对民族乐器、音乐素材的使用情况。其二，在分析评价方面。音乐教师应能识别和理解民族音乐作品所运用的创作手法，要能够运用自己的音乐知识，正确认识和分析民族音乐作品的原创作者、历史背景、文化内涵、主要特色、改善提高的方向，使自己真正成为学生在民族音乐道路上的引路人。其三，在改编、谱曲和再创作方面。音乐教师应具有正确认识和理解民族音乐作品优劣的能力，能根据表演和表达思想情感的需要而改编和创作民族音乐作品，通过创造性地运用民族乐器演奏，扩展音乐表现力，体现民族音乐的独特魅力。

（三）要具备开展民族音乐教学的基本能力

从控制论的角度考查，民族音乐教学的监控能力是教师从事民族音乐教学活动的核心要素。这是指为了保证教学的成功，达到预期的教学目标，在教学全过程中的计划、检查、评价、反馈、控制和调节的能力。对于进行民族音乐教学的教师来说，必须具备的基本教学能力是全面掌握和运用民族音乐专业知识和技能的能力；分析运用和组织民族音乐教材的能力；激发学生对民族音乐情感体验的能力；用语言和文字表达民族音乐相关知识和技能的能力；组织民族音乐课堂教学和课外活动的能力；了解学生在民族音乐方面的个性和学习情况，以及因材施教的能力；多方位进行民族音乐教育的能力；估计民族音乐教学后果的能力。

（四）要具备健康的心理和完美的人格

美国心理学家丹尼尔·戈尔曼在他的《情感智商》一书中提出了一个迅速被世人认可的定律。他认为人的成功条件除了智商（IQ）因素外，还有情商（EQ）因素，即情感智商，戈尔曼提出的情感智商包括认识自身情绪的能力、妥善管理情绪的能力、自我激励的能力、认识他人情绪的能力、人际关系的管理能力等内容。音乐教师在进行民族音乐教学时，面对的是“正在形成中的个性最细腻的精神生活领域”，教师的情绪、人格甚至一言一行、一笑一颦都会波及学生的心理，影响学生的成长。因此，音乐教师是否具有健康的心理、完美的人格，是否对音乐教育事业孜孜不倦地追求，是否对民族文化、民族音乐抱有浓厚的兴趣爱好，是否对学生尽心关爱、真诚理解，是否能够不断完善自我认识等这些属于情商（EQ）的素质，将直接影响民族音乐教学的各个层面。

就上述而言，努力提高音乐师资的民族音乐素养和民族音乐教学能力是一件势在必行的工作。音乐教师应主动自觉地在职前、职后，通过培训和自学，不断提高自己在这方面的功力。

三、开发民族音乐课程资源

课程资源的安排与取舍属于课程管理工作，是民族音乐教学的重要组成部分。目前，经国家教育部门审查通过和教育主管部门推荐的教材是音乐课程最重要的基本资源。与此相关，《义务教育音乐课程标准》也为各地、各校在课程资源上预留了很大空间，并将这一空间设定为开展民族音乐教学的空间，为我们开发课程资源确立了标杆。

中小学的音乐课程资源按《基础教育课程改革纲要（试行）》的规定，实行国家、地方、学校三级课程管理，除国家课程外，地方和学校自主开发的课程应占有一定比例。地方和学校应结合当地人文地理环境和民族文化传统，开发具有地区、民族和学校特色的音乐课程资源。音乐课程标准同时还要求音乐教学设施应配置民族乐器，并指出“中国传统音乐是民族文化的重要组成部分，要善于将本地区民族民间音乐资源运用在音乐教学中，使学生从小就受到民族音乐文化的熏陶”。

《义务教育音乐课程标准》的这项规定应引起我们的注意。在具体落实的过程中，要从课程资源上保证中小学音乐教育不仅要按规定完成国家要求的，含有民族音乐教学内容的任务，而且要将占音乐教材 15%~20%的内容，用来补充开发乡土音乐教材和本校音乐补充教材，结合当地人文地理环境和民族文化传统，开发具有地区、民族和学校特色的音乐课程资源。

我国的民间音乐资源是十分丰富的，各地民歌曲调、民间歌舞、民间器乐曲、戏曲等都可用来增加学生学习民族音乐的兴趣，培养他们对民族音乐的热爱。教师可选用一些当地较流行、学生也熟悉的民族音乐，用于课堂教学。这里特别需要关注的一点是，民族器乐是重要的民间音乐资源。例如，江南丝竹中的二胡、笛箫、琵琶、三弦等，中原地区的筝、扬琴、阮等，江北河西的唢呐、锣鼓等，以及维吾尔族的热瓦甫，蒙古族的马头琴，苗族的芦笙，傣族的葫芦丝、巴乌等，都会增加学生对民族乐器的亲切感、认同感，增强他们学习器乐的兴趣和信心。

认真落实关于开发音乐课程资源的相关规定，将使中小学民族音乐教学更贴近现实，更贴近生活，更容易被学生以喜闻乐见的心态所接受。音乐教师在这一方面可以倾情开展民族音乐教育，应该力争亲力亲为、精心操作，在“西风”强劲的日子里坚定方向，明确职责，保持本色。

四、优化民族音乐教材内容

如何将我国的优秀传统音乐作品纳入音乐课的教材，使学生能够通过学习民族音乐，加深对祖国音乐文化的了解和热爱，增强民族意识和爱国主义情操，是开展民族音乐教学值得关注的又一个重要问题。在这一点上，我们应执行音乐课程标准所规定的音乐教材编写原则，“教材应将思想与艺术性有机结合，体现音乐教育的规律，渗透思想品德教育”，在教材内容编写上，民族传统音乐“应占有一定比例”。这些规定对我们如何精选教材，优化教材内容有着重要的启示和指导作用。

在如何选用教材方面，《义务教育音乐课程标准》捷足先登要求 3—6 年级的学生“聆听中国民族民间音乐，知道一些有代表性的地区和民族的民歌、民间歌舞、民间器乐曲和戏曲、曲艺音乐等，了解其不同的风格”；要求 7—9 年级的学生“聆听中国民族民间音乐，知道其主要的种类、唱腔、风格、流派和代表人物”。教材内容应能使学生“了解中国音乐发展的主要线索和成就”。音乐课程标准关于民族音乐教材的率先垂范和耳提面命，在全国各地都收到了显著成效。有不少成功做法可以为我们所借鉴。

在中小学开展民族音乐教育的过程中，各地各校都大量涌现出类似的音乐教材。这些在民族音乐历史长河中饱汲精华、民族音乐色彩厚重而精彩的教材折射出了当代音乐教育工作者对祖国音乐文化的情深意切、励精图治的绰约风姿。我们欣喜地看到，在新的历史背景下，正是这一朵朵民族音乐的鲜花，簇织着今天和明天的中华音乐百花园。

五、完善民族音乐课堂教学

按教育部规定，小学、初中、高中都应开设音乐必修课。中小学音乐教育主要通过课堂教学形式来实现。音乐课堂教学是中小学实施音乐教育的基本形式，这是开展民族音乐教育必须倾全力关注的一个重要环节。

要完善民族音乐的课堂教学，除了应在体验性音乐教学法、实践性音乐法、语言性音乐教学法、读书指导法等教学法上狠下功夫，在进行歌唱、音乐欣赏、基本乐理、视唱练耳、器乐教学分步进行的同时，还应树立四点基本认识：其一，课堂是教师授课的讲台，也是师生之间交流互动的平台；其二，课堂是对学生进行训练的场所，更是引导学生自觉努力的场所；其三，课堂是教师传授知识的场所，更是启发学生探究知识的场所；其四，课堂是教师展现教育智慧的场所，更是学生运用才华的场所。因此，在课堂教学中，教师要努力避免教条化、模式化、单一化和静态化。

在课堂教学这个环节中，开展民族音乐教学的教师可以着重从三个方面进行精心准备。

（一）民族音乐课堂教学的课前准备

课前准备是上好民族音乐课的前提。备课细致、充分、切合实际是上好课的先决条件。课前准备在很大程度上决定着课堂教学能否按计划完成预定教学目标，收到预期效果。

1.研习教材

研习教材包括熟悉教材和掌握教材。在熟悉教材方面，应熟悉教材的思想和内容，理解教材在音乐审美及知识技能上有什么要求；要能够正确地阐释教材的音乐要素、表现手段。在掌握教材方面，要能从音乐上熟练地运用教材，做到能分析、能示范、能恰当地筛选补充教学内容，确定教学重点、难点，研究教法与学法，并在此基础上制订教学目标。在研习教材时，还必须避免纸上谈兵，把聆听作品，阅读参考资料，与唱奏实践结合起来。

2.课前摸底

学生是教学活动的主体，学生的学习效果是教学的最终结果。因此，教师对施教班级学生掌握民族音乐、民族乐器的基本情况应摸底调查，以备对症下药。特别是对学生原有音乐基础，对民族音乐的态度、兴趣与爱好所在，班风纪律等情况应心中有数。在进行每个单元的备课前，也应调查了解学生现有知识技能状况、水平优劣的差距，以便因材施教。

3.确定教法

从教材内容、学生实际水平、学校设备条件、教师自身优势等情况出发，学习借鉴优秀的相关教学经验和方法，总结自己以往的成功做法，创造性地设定教学方案，并在此基础上写出完整的教案。

（二）精心设计民族音乐课堂教学结构

课堂教学结构是指一节音乐课各部分内容之间的联系、顺序及学习时间的分配。民族音乐教学的开始阶段一般包括组织教学和导入新课；中间阶段包括学习新课、分析讨论、技能练习等；结束阶段包括复习巩固、课堂小结等。教师在设计民族音乐教学的类型与结构上要注意灵活运用，避免生搬硬套。

精心设计民族音乐课堂教学的结构是提高教学质量的重要步骤，也体现着音乐教师教学水平的高低。音乐教师要将教学内容的选择与搭配、顺序的安排、重点与难点的处理、时间的分配、教学模式和教学方法的选用等，纳入课堂结构之中。优秀的音乐教师应能精心设计民族音乐教学的各个环节，使每堂音乐课都犹如一部优美、完整的乐章，充满艺术魅力和思想启迪。

（三）不断提高民族音乐课堂教学艺术

课堂教学艺术的实质是教师本人独特的创造力和审美价值在教学中的体现，是教师将教学规律与独创性相结合；是教师引导学生在有限的时间里，最大限度地获得音乐美感的过程；是教师个人教学魅力与风采的集中展现。课堂教学艺术是教师在教学实践中积极探索、辛勤积累的宝贵财富，它能有效地调动学生的积极性，并使教师可以从容做到对教学目标、教学过程、教学质量和学生情感的最优化掌控。

音乐教师要提高民族音乐课堂教学艺术，既要遵从教学艺术的普遍规律和要求，也有着特殊的方式和方法，可以从提高组织课堂教学的艺术、提高控制课堂教学节奏的艺术、提高教师教学语言的艺术、提高课堂教学板书和图示的艺术、提高在课堂教学中的应变能力等方面进行不懈努力，其中特别要关注以下两点：

第一，努力提高教师的民族音乐知识和技能。实践证明，音乐教师能否高质量地唱好经典民歌、小调民歌，能否正确范唱主要剧种，能否以专业水准演奏一种或几种民族乐器是民族音乐教学能否精彩的重头戏。仅此一招，就需要音乐教师为之付出职前苦练，职后进修，乃至大半生锲而不舍的努力。音乐教师既已决心穿上“红舞鞋”，就一定要站在为人师表、教书育人的高度严格要求自己，锤炼技艺，不断提高自己的教学艺术水平。

第二，关注民族音乐教育方式的创新。在开展民族音乐教学时，有许多规律性的东西需要向学生传授，但音乐的“只可意会，不可言传”的特殊性质却需要靠想象力去再创造。那种传统的口传心授、我教你学、我讲你听的师徒式教学方式不仅显得落伍，而且与创造性思维的培养大相径庭。音乐教师应密切关注民族音乐教育方式的创新，追求一种无权威的学习机制，追求一种自由、和谐、双向交流的教学氛围。努力建立平等互动的师生关系。音乐教师要勇于从传统的角色中跳出来，变“教书匠”为“教学设计师”“指导者”“合作伙伴”，为学生的民族音乐学习创造宽松、融洽的人际环境。在民族音乐课堂上，学生可以畅所欲言。要有意识地强化学生的“问题”意识，允许质疑，鼓励探索，尊重学生对民族音乐的不同体验与独立思考。如果从更深的层面上来说，民族音乐教育方式的创新则应体现较强的民主意识，要充分尊重学生的人格，维护学生在音乐学习方面的自尊心与自信心。民族音乐教育也属于义务教育，无论学生是否具有音乐天赋，都有接受教育的权利。学生是民族音乐教学活动的主体，使每一个学生的音乐潜能得到开发并终生享有音乐乐趣，这是民族音乐教育的崇高责任。

六、拓展民族音乐课外教育

课外音乐教育包括校内课外音乐教育、校外社会音乐教育和家庭音乐教育，是学校音乐教育的重要组成部分。它可与课堂音乐教育相互配合、互为补充，但却不能相互替代。音乐教师有责任推动、指导学校课外的民族音乐活动，要主动争取教育行政部门和学校领导的充分重视与支持配合。学校也应将课外的民族音乐活动纳入学校工作计划，将音乐教师辅导课外音乐活动计入工作量，并在活动设备、经费和场地上给予支持和保障。

课外的民族音乐活动是丰富学生课余生活，促进学生德、智、体、美全面发展的重要途径；是加强社会主义精神文化建设的重要阵地；是发展和培养音乐人才的摇篮。这种活动能扩大学生的音乐视野，丰富学生的音乐经验，巩固和提高学生在音乐课上所学的基础知识和技能，拓宽其知识领域，发展学生的音乐感受、表现、创造、鉴赏能力。

课外的民族音乐活动要有明确的目的和具体的计划，活动的内容要丰富，形式要多样化，在活动中特别要注意正确处理普及与提高的关系，不能只重视少数尖子及校际比赛性活动。在活动中要注意发挥学生的主体作用，注意培养积极分子和骨干，发挥学生集体和个人的主动性、独立性和创造性。

学校内民族音乐教育课外活动的基本形式可分为校级、班级群众性课外音乐活动和校内音乐社团两类。

（一）开展群众性课外音乐活动

1.群众性教唱活动

定期组织教唱经典民族歌曲和戏剧曲艺，如采用“每周一歌”等形式。

2.民族音乐歌咏比赛

一般每学年或每学期举办一次，可与纪念日、节日、艺术节相结合，形成传统活动。

3.专题音乐欣赏或音乐讲座

可定期或分专题进行，可举行民族音乐专题性的音乐会、音乐欣赏会、欣赏讲座会，介绍推荐优秀民族音乐作品，指导学生利用课余时间进行赏析。

4.开展综艺性民族音乐比赛

如独唱、独奏比赛，单项民族乐器演奏比赛，民族音乐知识竞赛等。

（二）建立校内民族音乐社团

1.合唱团

小学和初中一、二年级可以组织童声合唱团，初三以上可以组织混声合唱团。有条件的也可组织男声合唱团、女声合唱团、男女声小合唱团等。合唱团可在校级、年级、班级范围内组织，每校至少应有一个校级合唱团。

2.民乐队

中小学可以根据条件成立多种形式的民族乐队，如节奏乐队以小学低年级为主，鼓号队、腰鼓队、锣鼓队以民族民间打击乐器为主，也可增加民族吹管乐器，适用于小学中高年级及中学，民族管弦乐队适合小学高年级及中学，中西乐器混合乐队从实际出发，将民族管弦乐器与西洋管弦乐器混合编队。

3.民族音乐兴趣小组

如独唱、独奏、重唱、重奏、戏曲、说唱、指挥、创作、民族乐器制作小组、音乐墙报小组等。教师对小组活动以普遍辅导为主，或对个别学生进行重点指导。

4.其他课外音乐宣传活动

音乐教师应主动配合学校有关部门，共同开辟学校宣传媒体上的音乐教育节目，运用学校计算机网络、广播站、电视、校园音乐刊物、音乐墙报、音乐专栏橱窗等影响全校音乐环境的阵地，开展民族音乐、民族器乐宣传。

民族音乐的课外教育除了必须重视校内、校外的大众传媒之外，对社会的音乐环境资源和家庭的音乐教育环境也应给予充分的注意和利用。在当今社会，社会和家庭的音乐环境对学生的音乐爱好、审美情趣产生着前所未有的影响。音乐教师必须对此高度重视，并积极加以引导。把学校音乐教育变“封闭式”为“开放式”，将学校、社会、家庭的音乐教育紧密联系起来，共同为民族音乐教学服务。

在社会音乐教育资源的开发与利用方面，特别要关注社会音乐生活，多向学生宣传、介绍社会上有关民族音乐生活的大事。另外，对社会上的各种民族音乐演出、民族曲艺会演、民族音乐学习活动，如少年宫、青年宫、文化馆，以及各种音乐团体组织的各种演出、学习和竞赛活动，只要这些活动有益于学生的身心健康发展和音乐审美能力的提高，学校都应给予支持和配合。

民族音乐课外教育要充分利用民族、民间音乐的丰富资源，对学生进行本地区、本民族传统的、乡土的音乐教育。各地区、各民族都有着丰富多彩的民族、民间音乐，都拥有不少民间演出团体和民间艺人。这些千百年来流传至今的民族、民间音乐是中国传统文化的重要组成部分。音乐教师要落实《义务教育音乐课程标准》所要求的学生在“出席音乐会及参与社区音乐活动的过程中，能够观察和了解音乐家或民间艺人的活动，并作出自己的评价”，即音乐教师要善于将本地区、本民族的民间音乐资源运用在学校音乐教学之中，使学生从小就受到民族音乐文化的熏陶。音乐教师除了将其中一些内容选入地方、学校自主开发的特色音乐教材之外，还可以用课外、校外活动形式加以开发利用。

家庭音乐教育资源的开发与利用也是民族音乐课外教育的一个重要方面。在这个阵地，音乐教师首先要了解学生家庭音乐教育的情况，包括哪些学生在家里学什么乐器，学习的进度如何，指导教师是谁，学习的效果怎样等。音乐教师要给这些在家庭里学习民族音乐的学生提供展示自己专长的机会，鼓励他们帮助其他同学学习音乐。例如，邀请他们参加音乐会演出、在音乐课上表演，协助教师辅导其他同学等。音乐教师还要了解学生的家庭音乐教育的普遍情况，及时向学生和家长提出有益的建议和建设性的意见。

中小学音乐教师要想方设法地开展民族音乐活动，充分利用校内外软硬件设施，努力营造充满民族文化、民族音乐氛围的学习和生活环境。

第八章 信息时代背景下的中小学音乐教育模式改革

第一节 信息技术概述

一、信息技术的定义与类别

信息技术是指能够扩展人的信息功能的技术，它主要是利用电子计算机和现代的通信手段来实现获取、传递、储存、处理、显示、分配信息等的相关技术，实际上信息技术总体来说可以分为四大类：传感技术、通信技术、计算机技术与控制技术，这四大类囊括了信息技术的方方面面，也为我们的生活增添了更多便捷与乐趣，下面主要介绍前三种技术：

（一）传感技术

传感技术通俗来说就是感测与识别技术，它是通过对身边人类的感觉器官或者相关信号的识别，来作出相应的反应，也就是说它能够根据身边感应到的模拟信号转化成数字信号给中央处理器来处理，最终作出具体数据显示出来，让人们知道如身边的温度、湿度、空气浓度等具体的信息。在当今社会传感技术方面相关的应用很广泛，如自动门（利用人体的红外微波来开门），烟雾、水位、温度、湿度报警器（利用感应相关数据来达到报警目的），电子秤（利用力学传感来得知重量信息），数码相机（利用光学传感来捕捉影像）等，凡是没有通过外接连接线来获取信息的相关设备几乎利用的都是传感技术，它使我们的生活更加方便、快捷。

（二）通信技术

通信技术也就是信息传递技术，这也是我们生活中使用率最高的技术，它是从发送端（信源）把信息以电磁波、声波或者光波的形式通过电脉冲传输到有一个或者多个接收端（信宿），主要功能是实现信息快速、安全的转移，从而可以帮助我们获取一系列我们想要知道的信息。另外由于储存、记录是一种从现在向未来或者从过去向现在来传递信息的一种活动，所以储存与记录也包括在通信技术之中，在当今社会通信技术方面的相关应用很多，如手机、电视、广播、电子邮件、汽车导航、远程教学等。可以说现在人们的生活几乎离不开通信技术，凡是通过网络或者远程来获取信息的技术几乎利用的都是通信技术，它可以让我们足不出户便可知晓天下事，使我们的生活节约了相当一部分的时间，有效地提高工作与学习的效率。

（三）计算机技术

计算机技术与通信技术占据信息技术中的两大主体地位，它的使用载体就是我们生活中的电脑，作为一个有完整系统所运用的技术主要可以分为结构、管理、维护、应用四个部分，结构部分为计算机的硬件与软件，管理部分为计算机自身的设定，维护则是计算机可定期定时地进行自检，处理一些不需要的文件或者垃圾等，应用就是结合软件技术来实现我们生活中的各种需要。总的来说，信息技术就是输入我们已知的信息，经过云端的各类信息搜索、整理、分类、筛选，最后得出未知信息来丰富我们的生活。在当今社会，信息技术方面的相关应用很广泛，可以分为：对个人（听歌、看电影、查资料、玩游戏等）、对学校（学生信息的建立、分类、处理、筛选，成绩统计等）、对工业（产品的开发设计与生产线自动化等）、对商业（企业的账目管理，人事数据处理等）、对家庭（逛街、购物、财政支出计算等），除此之外也对医学、交通、科学等方面有着密不可分的影响，可以说计算机技术是现今生活中无处不在的。

二、适用于课堂教学的信息技术

传统课堂的教学仅仅是使用黑板，由教师根据课本内容来讲授教学大纲所指定的教学任务来当面教学，口传心授，这种教学方式其实就很受教学教具与教学思想的限制，导致大部分教师没有办法解决个别孩子理解能力差的问题，而现代教学就是利用现代信息技术来增加教学的有效形式，改变传统观念和效率，但是并不是所有的信息技术都适用于课堂教学的，下面介绍几种常用的课堂教学软件：

（一）以具体知识内容为主的多媒体与 MIDI 技术

多媒体是目前课堂上主要的教学手段之一，所谓多媒体，其实就是指电脑，多媒体在教学中的使用就是指在上课过程中使用电脑与投影仪，操作并展示给学生，它是最适合在课堂中使用的，因为它可以展示图片、视频、音频等各种各样形式的内容，涵盖面广、直观性强，能够充分地调动学生学习兴趣，有利于激发学生的学习动力，并且可以作为教师教学的教具，为教师节省板书时间与多余的解释时间，可以把原本需要的图纸、乐器、文章等内容全部存入电脑中，供上课时使用。而乐器数字接口（Musical Instrument Digital Interface，以下简称“MIDI”），主要表述的是 MIDI 制作技术，为了使教学内容有针对性，个别时候教师需要把教学内容根据自己的需要或者习惯的上课方式来制作，主要是解决在网络上搜索不到适合的资源的情况，这种技术同样适合在课堂中使用，因为其不仅可以培养学生的创作精神，还可以引导学生的想象力，无论是否真正掌握了专业知识，都要勇敢去尝试与研究才能在最后取得成功，这种软件的特点就是随意性，可以根据使用者自身的想法来设计需要的内容，对于当今“以学生为主”的教学观念是非常适用的。

（二）以展示声音、画面为主的影音技术

影音技术是一种现代社会必不可少的常用技术，是指利用影音设备在音乐课堂教学中的应用，这个就是教学环境的硬件设施问题，并且音响设备的好坏也会影响学生的听力质量与分析。好音质的设备，在声音的清晰度与感受度上都与一般设备有所不同，因此教学环境也是会影响教学效果的。传统的教学在教授音乐时，为了让学生听到旋律只能由教师演奏、演唱来感受，这样的方式对教师自身的专业技术要求很高，并且许多教师的能力达不到能够让学生欣赏和模仿的水平，而有了影音技术之后，教师就可以给学生播放专业人士的演唱或者演奏内容，供学生聆听、对比从而模仿，甚至有的作品被用于某些故事背景，可以烘托情境氛围，加深学生对作品的印象。这样的模式有助于挖掘学生的审美潜力，提高学生的审美鉴赏能力，培养学生全面且端正

的审美观，因此影音技术是非常适合用于课堂教学中的信息技术。

（三）以增添课堂活跃氛围为主的软件技术

随着信息技术的发展，软件技术在课堂中被广泛运用，软件的类型也随之增多，有审美型、创作型、应用型、游戏型等，并且每种软件在运用中也有不同方法，这样就展示出软件教学的最大特点是多样性，那么对学生和教师的要求就是：发挥其最大的想象力在不同的方面使用它们，目的是彻底地改变原本枯燥的课堂教学，同时还可以丰富课下学习，增进教师与学生之间的沟通互动。例如，审美型的美图看看、Photoshop 等相关的图片处理软件，不仅可以用画面感来提高学生的审美水平，而且可以根据想象力进行图片的更改，达到标出重点或者去掉无用点的作用。创作型的 Sibelius、PowerPoint 等软件可以根据自己想要的内容来进行创作，达到教学目的，这等于是在一张白纸上进行创作，无论是音乐还是视频、图片等都没有限制，如有需要也可在其中插入动画等效果。应用型的 QQ 音乐、酷狗音乐等软件自身包括大量的资源库，可以搜索自己需要的相关材料，还可以把自己的作品传到云端与他人的作品相对比或者供他人欣赏鉴评，从而相互学习查缺补漏，共同进步。最后是游戏型的视唱练耳大师，节奏大师等软件，这种就是比较单纯的针对某方面知识点的训练，学生可以在游戏中进行学习与训练，在传统教学观念中游戏是绝对不允许进入课堂的，但是现代的音乐教育课堂，完全可以改变这点，课堂中使用游戏软件进行教学，充分且有效的体现了现代课堂中“寓教于乐”的教学观念。

三、从传统音乐课堂到现代音乐课堂

（一）传统音乐课堂面临的挑战

传统的课堂指的是上课时教师在没有网络和电子设备的情况下根据书本上的知识对学生进行的教学，这种课堂上师生关系是唯一存在的关系。著名学者袁振国先生在《课堂的革命》中对传统课堂作过深刻阐述：“传统课堂造就了传统的师生关系。在教学中，教师是主动的，是支配者，学生是被动者，是服从者。教师、学生、家长以至全社会都有一种潜意识：学生应该听从教师，听话的学生才是好学生；教师应该管住学生，不能管住学生的教师不是好教师。师生之间不能在平等的水平上交流意见，甚至不能在平等的水平上探讨科学知识。”因此，传统的课堂存在着极大的弊端，将其归结于以下六点：

1.单调的“标准化”导致故步自封

传统的课堂上课内容完全按照教育局的教学标准或者学校自制的教学大纲来按部就班地教学，这样的标准化有一定的优点，就是教师的备课内容与教授内容一致，学生学习内容有标准，哪个年级应该会哪些知识是清晰明确的。但是在如今的信息化时代，这种教学存在着极大的弊端，因为过分的标准化，导致所有教师上课方式统一，学生学习方式统一，缺乏创新感，培养出来的学生千篇一律。学习能力差的学生没有办法接受全部新知识，学习能力好的学生，学习完规定的标准后没有知识扩展和深入探究的思想。这就使学生能够接收到的知识有局限性，不利于培养学生的自学能力。

2.纯粹的“应试化”导致枯燥乏味

传统的课堂教学内容非常具有针对性，也就是所说的考试考什么课堂讲什么，其余的东西多学无用的概念。这种应试化的教育在极大程度上限制了学生的探究精神，阻碍学生的思想进步，这种观念对于人的发展有极大的局限性。在当今的信息化时代太多的真实案例让我们知道，一个学生目前成绩的好坏并不能决定他将来的发展，李白说“天生我材必有用”，意味着每个人都会有发光点，只是在不同的方面罢了。因此，人生不仅仅只有考试，成绩的好坏也不能作为评判一个人的标准，过分的应试化不利于培养全方面发展的人才。

3.流行的“填鸭式”导致疲于应付

“填鸭式”教学指的是教师直接把知识点是什么告诉学生，不管学生理解不理解，也不用知道为什么，只要能说出来就可以了。这种方式主要是靠学生的死记硬背，这样的教学方式以在最短的时间里了解最多的知识为其优点，但是弊端是，记得快忘得也快，由于学生不知道知识点的来源，因此一旦忘记就再也想不起来了。这样的教学只对考试前的短期记忆有效果，针对的还是应试教育，考试过后就忘记，可以说学生并没有真正地学会知识，我们完全可以视这种教学为无效性教学。

4.“重结果轻过程”导致舍本逐末

传统的教学会根据教学大纲和教学标准制定上课计划，其目的是让学生学会应该知道的相关知识。可以说这种想法是没有错的，但是在上课过程中对于学生是如何学会知识的方面却不被重视，这当然一部分原因可以归结为教师上课的资源有限，可以利用的教学器材缺乏等原因，使上课形式只有教师讲授与示范的单一性方式，这也是传统课堂的最大弊端。在信息时代的当下，完全可以解决教学器材的需求，使同样的知识点可以创造出不同的学习方式，能够增加学生学习兴趣，变被动为主动，减少教师教学压力，还能提高教学质量和效果。

5."重教法轻学法"导致南辕北辙

传统的课堂是在教师的言传身教中进行教学的，教师会根据自己的上课习惯，或者自身性格来制定教学方式，但这种方式很容易出现教师教法与学生学法不适应的情况，导致学生学不明白，从而越来越没有兴趣，这时教师和家长就会把问题归结于学生自身接受能力差。这也是传统教学观念与教学方式的弊端所在。其实，古来孔子提出"因材施教"，也就意味着教师应该根据学生的性格、习惯、家庭等方面的不同来制定适合他们的教学方式，使他们用自己能够接受的方式来学习知识，这样的方式会照顾到每一个学生，平等看待每一个学生，不放弃任何一个学生，这也是一名教师所需要的品质。

6."重知识轻能力"导致眼高手低

传统的教学在课堂上单一的形式是教师讲学生听，这样学生虽然听懂了知识内容，却缺乏实际的实践操作来进一步证明所学知识点的真实性，虽然并不是每个知识点都必须要学生亲自去实践体验，但是实践环节却是教学中不可或缺的部分。这是传统教学观念的限制，也就是所谓的教师教授的一定是对的，前人经历过的总结过的知识一定不可置疑，再通过以理论为主实践为辅的考试方式，使学生在学习过程中遇到的许多问题得不到证实，就是一味地相信，导致即使大部分学生可以侃侃而谈，却基本都是纸上谈兵。这是传统教学的弊端也是当今信息时代完全可以解决的问题，学生通过实践来引发新的问题，使知识点不断地扩大探究，最终在实践下可以证明，前人理论是绝对权威的还是需要批判继承的。

（二）现代音乐课堂无限的可能

现代的音乐课堂指的是在信息时代下有信息技术支持的课堂教学，因为有了信息技术的支持，课堂教学就增加了无限的可能性，无论在教学方式上，还是在教学评价上，甚至在教学观念上都有了很大的创造性，其最终目的都是培养一个整体素质全面发展的人。

1.教学方式的“多元化”

在信息时代下，教师可以利用多样的信息技术来丰富课堂教学，增加课堂氛围，提高学生学习兴趣，有效的教学方式可以使学生在学习过程中更加快捷、扎实，并且可以举一反三地丰富自己，提高学生的分析能力与自学能力。首先教学方式的选择要根据教学目标的不同，选择适合的技术来辅助，如在歌唱教学中，目的是让学生学会演唱歌曲的曲调与歌词，所以可以选择与歌曲相关的音频或视频放给学生听，让学生熟悉歌曲旋律，也可以选择相关故事内容来介绍歌曲背景，还可以朗读或者演绎歌词内容来纠正歌词发音和理解歌词内涵。如果是欣赏教学，可以利用图片或者视频来欣赏不同的人或者乐器带来的不同感受，还可以根据相关背景或者相同演绎形式的作品来对比要欣赏的作品特点。对知识点的介绍可以通过微课、动画或者游戏等形式既吸引学生注意力又可以让学生深刻掌握，甚至可以根据日常教学经验用数据分析出学生的薄弱项和兴趣项，由此再研究出有针对性的教学方案。

2.教学评价的“人性化”

华东师范大学教授钟启泉在 2018 年著的《课堂转型》一书中，明确提出“学习评价”的本质是“学力评价”，这是一个新兴的概念，也是值得当下教育教学者思考的。在这里他指出有两个不同的逻辑概念，一个是“学业评价”，一个是“学力评价”。这两个概念可以说是我国教育评价新旧观念的本质，前者“学业评价”是传统的教学观念下的产物，旨在以学习成绩为基准，根据学习成绩的高低来判断一个学生的能力。今天看来，这种思想明显存在片面化，因此目前的教育提倡的是综合性的“学力评价”。展开来说就是学习能力的评价，这里面除了包括之前的认知能力（也就是成绩）以外，还包括表达能力（感应力、表达力、肢体动作能力、劳动能力）与作为人格特征的社会能力（价值观、世界观、集体意识、纪律性），即人格特征（意志、信念、情感、行动力）。这种评价方式是从学生的整体来评价，非常符合当今社会普及的素质教育观念。

3.教学观念的“民主化”

所谓教学观念的民主化指的是教学观念从传统的“以教为主”转变成现代的“以学为主”，也可以说是从“被动学习”转变成“能动学习”，就是说以学生为主，同时把教学中学生与教师的关系平等化。其实早在春秋战国时期，孔子就提出了“有教无类”和“因材施教”的教育思想，说的就是教师在教学中应该尊重每个学生，根据学生的需要进行培养，由于每个学生都有他不同的思维模式与成长环境，因此对知识的接受能力有很大的差别，大部分的教师会因为学生接受能力慢，怎么教都教不会从而放弃学生，最后家长和学生自己也放弃了学习，个别学生还会因为教师的否认产生自卑心理，导致自闭倾向或者误入歧途。因此，作为一名教师应该正视每个学生的差异性，不应该对所有学生有一致的要求，对接受能力好的学生，可以要求高一些，对接受能力差的学生也要适当的鼓励。好的教育观就是要涉及每一个学生，尤其是年纪比较低的学生，要做到“以人为本”，还要做到“不放弃任何一个”，真正把“教会学生知识”转变成“教会学生学习”，才能符合当下提倡的素质教育理念。

（三）“传统”与“现代”的有效对接

传统课堂与现代课堂的根本区别主要体现在教学模式上，在现代信息技术时代，传统课堂向现代课堂转变是一个不可避免的趋势。但这并不是对传统课堂的完全否认，而是在传统课堂的基础上，加入信息技术改变教学手段，从而改变教学模式。因为传统教学模式毕竟有它存在这么多年的合理性，我们不得不承认，传统的教学观念也为国家培养出了一批又一批的人才，所以我们只是在传统的基础上加入信息技术的手段，使课堂氛围更加活跃丰富，使学生的收获更加方便快捷。

在课堂中，我们的教学大致分为导入、讲授新知、扩展延伸、课堂小结四个部分。在每个部分中，都可以使用信息技术来辅助教学。例如，导入中可以分为旧知识导入、音乐导入、故事导入、情境导入等，讲授新知可以用提问式、举例式、游戏式、模仿式等，扩展延伸可以用诱导式、悬念式等，课堂小结可以用评价式、辩论式等。

第二节 信息技术在中小学课堂的应用

目前，我们的传统教学模式面临着各种各样的挑战，为了让学生可以更快速的接受音乐知识，更深刻地体会音乐感受，我们在课堂中就要加入相应的技术手段来作为辅助，以下简单介绍几种课堂中常用的信息技术及其作用：

一、加强学生视觉感受的多媒体技术

多媒体技术基本指的是在计算机上操作的，由软件和硬件两个部分组成的系统。它的作用载体就是计算机，而外围可以伴随着其他试听等硬件设备组合而成，在这个系统中分工是非常明确的，比如电脑主机主要是进行软件的使用，就是数据的输入与输出，也是最主要的部分，是不可替代的，而其他硬件设施的作用就是把计算出的内容显示或者传递出来，因此在设备上的更替是多种多样的，而硬件设备的好坏也会直接影响接受信息的人的感受，如显示器的清晰度和音响的音质等。

（一）多媒体教学软件的概述

多媒体教学软件是指根据教学大纲的培养目标要求，用文本、图像、音频、视频、动画等多媒体去展示教学相关内容，从而活跃课堂氛围，让学生清晰、清楚、快速地学习相关知识，使学生在丰富的教学形式下学习，增加学生学习兴趣并提高上课效率。

在多媒体软件中，根据教学内容和使用方式可分为七种类型：

1.个别指导型：软件会提出问题并根据回答者的答案来判断正误，回答错误时可以给出相应的补充知识与解析，回答正确的话直接跳转到下一题。其优点在于能够有针对性地提高某类题型或者某方面知识。

2.练习测试型：这种软件的目的以复习为主，可制作成填空、判断、选择等多种题型来针对讲过的知识进行复习，然后系统会根据回答者的答案来判断正误，计算成绩，作出统计。这种形式的软件依赖成形的题库，优点在于易于统计、随机出题、客观性强。

3.模拟型：这种软件可以把现实条件下不易完成的实验想法模拟并呈现出来，从而得出结论。系统会根据已有的知识来判断实验想法模拟的可行性与优缺点，让学生从理论上很快得到答案，再去实施可以避开已知的危险性并能快速准确地得到想要的效果。其优点在于可以减少现实实验的危险性并节约实验时间，使结果快速准确。

4.游戏型：这种软件是指把要学习的内容做成游戏让学生一边闯关一边学习，这样可以吸引学生的注意力，提高学习效率，在不知不觉中传授学生知识，使学生在游戏竞争中产生挑战性、优越感。但是设计这种模式的软件时要注意知识点内容的科学性、教育性和完整性，使学生学习的知识连贯且按部就班。游戏型软件的优点在于集教育性、科学性、趣味性于一体，寓教于乐，对中小学生充满吸引力。

5.问题解决型：教师根据学生应该学习的内容，设计已知问题让学生进行解答，计算机通过判断已知问题的答案来引出新的问题，引起学生的求解欲望，使学生在分析问题、解决问题的过程中学习知识。这种模式的优点在于利用学生的求知欲望增加新知识点的同时，可以提高其分析能力。

6.资料型：这类软件其实就是一种教学信息库，包括电子字典、电子工具书、图形库、动画库、语言库等。其主要目的是方便学习者快速查阅信息资源，通常用于学生的课外学习或者教师的课前备课。这种形式运用的是超媒体和超文本技术，它既适用于单机也适用于网络。它的优点在于信息量大，查阅方便，可以使学生自主获得相关信息，减少对教师的依赖，是信息时代开放式学习环境下不可缺少的教学形态。

7.演示型：这类软件主要是解决一些教师难以用语言和文字来描述的或者是过程比较复杂、情形不符合常理的教学内容，在这种情况下让学生看到真实的、形象生动的视频或者图片的演示会比言传身教更加能够引起学生的共鸣，达到事半功倍的效果。教师可以根据学生看到的画面来解决学生因看不到或者看不懂而提出的问题，有针对性地传授学生知识内容，省去已知知识点的重复过程。这种类型软件的优点在于可以辅助教师的上课过程，容易被学生理解和接受也比较容易设计和制作。

（二）多媒体在音乐教学中的应用

多媒体教学素材指的是运用多媒体软件时需要的素材，其中包括：文本、图片、声音、动画和视频等，其目的是美化和提高教学课件的效果。

1.音乐欣赏中的多媒体教学

在音乐欣赏中运用多媒体教学是非常常见的，因为这种教学方式非常地直观，对一些语言不能够描述的内容能起到非常良好的感受作用，低年级的学生由于理解性有限，所以更适合这种更加直观的方式。多媒体教学可以把原本形式单一、枯燥的音乐课堂，加入充满美感的 MIDI 音乐、文字、图片、影像、动画等形式，使课堂充满活跃性与趣味性，引发学生学习的积极性、主动性。例如，在《黄河大合唱》的欣赏中，教师可以把复杂的乐器结构逐个分开展示，让学生了解每个乐器的外貌与声音，分辨不同乐器的特色，使学生更加准确、牢固地记住乐器之间的区别。再如，在《春江花月夜》的欣赏中，为了让学生感受开头、高潮与结尾的情景变化，教师可以播放相关的视频画面，让学生边听音乐边感受，仿佛处在此景一样，这样可以更加深刻地记住这首曲子所描述的感情。

2.歌唱教学中的多媒体教学

在歌唱教学中使用多媒体的案例数不胜数。歌唱教学的任务是教会学生唱歌，唱歌中可以分为歌词、曲调、乐谱、感情这四方面因素，在这四方面因素中，歌词与乐谱是比较直观的，教师可以通过 PPT 或者图片的展示让学生看到，也可以通过多媒体技术让学生一步步地学习。例如，对显示部分，可以选择一句一句展示，使学生循序渐进地学习，也可以在整体学习之后，剪掉某些部分，让学生自己填入，加深学生学习印象。对曲调的教学，多媒体能做到的是逐句地欣赏用于学生的模仿，还可以根据不同人物唱腔的不同选择喜爱的演唱家来学习。感情方面的话就可以通过视频或者图片来展示歌曲相关的创作背景，引起学生兴趣并加深对歌曲意义的理解。

3.乐理知识教学中的多媒体教学

乐理知识对于学生来说更加是乏味无趣的，那么如何运用多媒体教学把乐理知识传授给学生就是一个值得探究的问题。多媒体教学的特点是视、听、图、文结合在一起的教学模式，要想使知识内容变得丰富有趣，就要从学生入手，根据他们的喜好来设计教学形式。例如，对于低年级的学生很有效的一个方法就是游戏，如用 Flash 制作一个“猫咪捉老鼠”的动画作品，引导学生做游戏，根据老师讲述的故事情节来选择音乐的旋律走向是向上还是向下，节奏是密集还是松散等相关音乐感受。这种方式不仅可以使学生集中注意力，还能利用他们自身对音乐的理解来潜移默化地吸收相关音乐知识，避免硬性的灌输式教学。

二、丰富学生听觉艺术的影音技术

影音教学指在教学过程中使用视频或者音频来增加教学气氛，讲述知识点或者教学相关的例子，这样比传统文字讲述更加直观、生动、有趣，可以调动学生学习兴趣，并能够丰富视听享受。常用的影音技术有 QQ 音乐、酷我音乐、酷狗音乐、优酷视频、爱奇艺视频、土豆视频等，主要的功能是供学生和老师们去寻找和欣赏相关的视频与音频，那么在课堂中运用时，其主要功能有以下几点：

1.模仿学习：这里指在教师教授新课时，为了让学生更好地感受音乐的原貌，可以借助音频与视频的聆听或者观看来进行模仿，这样的方式可以增加课堂的趣味性，还能提高学生审美的质量与标准。

2.烘托气氛：在导入或者课堂小结时，运用音乐来烘托氛围，目的是使学生一直处于感受音乐的状态，努力形成在音乐中开始在音乐中结束的氛围，整堂课自始至终不离音乐，这样不知不觉地渗透也会增加学生对音乐的喜爱。

3.过程教具：在教授过程中难免会遇到难以处理的、学生不容易掌握的节奏或者词语之类的内容，这时教师可以通过同类型的音乐来带学生反复分析，加深印象。

三、拓宽学生知识面的网络技术

网络教学系统是一种新型教学方式，是由教师使用互联网与学生连线进行远程教学的方式。这种方式相当于是把真实的课堂搬到网络的虚拟空间中，借助一些网络平台彻底实现一人对上千人的教学体系，并且在网络中也可进行师生互动与交流，在这种情况下能更好地培养学生学习的自觉性与主动性，最大化地提高教学质量。

（一）网络教学模式优点

1.教授内容广泛：网络教学可以容纳多方面的专业教学，它不限制教学内容，把所有科目彻底综合整理，实现教学多元化，所有的内容都可供学习者选择，并且清晰合理地安排内容，适当的建议和提醒供学习者参考。

2.教学地点自由：网络教学是通过网络技术进行的，并不受空间上的影响，不需要教室、桌椅、黑板等硬件设施，只要是有网络和电脑的地方就可以随时进行，并且也不受地域的限制，无论在哪个城市、哪个国家都可以进行。

3.教学资源丰富：网络教学除了教师与学生可以即时连线外，对一些时间有冲突，不能及时进行听课的学生，还会有录制程序，将教师的授课内容进行录制供学生随时学习，并且还会根据学生需要提供相应的教学推荐，使学生可以学习不同的教师在同一领域的教学方法和观点等内容，使学生可以更全面地丰富自身的知识。

4.学情分析精准：网络平台可以根据学生学习和测试的时间、质量、内容等方面来分析学生的学习特点，知识的擅长和缺漏，方便学生掌握自身情况，也方便教师根据学生情况来给出学习意见等。

（二）网络平台教学应用案例

就网络教学平台而言，目前已经建立了一些比较完善且成熟的平台，如 Coursera、edX、Udacity。它们是国际上使用率相对较高的三个平台，注册用户数以百万计，但在平台历史、学习模式与使用方面有或多或少的差别。

Coursera 是由斯坦福大学两名计算机科学教授创办的，旨在与世界顶尖的大学合作，在线提供免费的网络公开课程。它的首次合作院校包括斯坦福大学、普林斯顿大学、宾夕法尼亚大学和密歇根大学这四所学校。2013 年上海交通大学和复旦大学宣布与此平台合作，并且为了使中国用户有更加便捷的使用，Coursera 平台联合网易平台共享海量用户，同时与果壳网及译言网合作，完成平台课程的中文翻译，大大扩展了其在中国的影响力。Coursera平台截至2014年已有871门课程，其中英语课程751门，中文课程 114 门，除此之外还有包括法语、俄语、西班牙语在内的其他 18 个国家的语言课程。按学科门类分可分为艺术、生命科学、商业和管理、化学、计算机等 22 个类型，学习者可以按照要求完成课程内容，获得相应证书。

与Coursera齐名的另一个网络课程平台是edX。edX是麻省理工和哈佛大学于2012 年 4 月联手创建的大规模开放在线课堂平台。它免费给大众提供大学教育水平的在线课堂。两所大学对这个非盈利性计划各资助 3000 万美元。后由位于美国波士顿市的一个非营利组织负责，由麻省理工学院电子工程与计算机系教授阿南特•阿格瓦尔领导。其实，麻省理工学院早在这个平台成立的十年前就已经有了自己的开放课件计划 OCW，它旨在把本科生与研究生的课程课件公开放在网上供人使用。2011 年，麻省理工学院推出了 MITx 学习计划，最初只是为了服务麻省理工学院的学生课后的学习补充，但由于它是一个开放的平台，最终成为了全世界上千万学习者的网络学习社区。2012 年 MITx 与哈佛大学的开放学习计划合并，也就成为了今天的 edX。edX 平台与 Cousera 平台相比，在选择合作院校时比较注重质量而不注重数量，因此它建立了在线高等教育联盟，并且只与顶尖名校合作，目前平台上共有300多门课程。2013年edX与谷歌公司合作开发了域名为MOOC.org的平台，允许所有人在平台上进行MOOC课程开发，以门槛低的优势快速拓展了合作对象的范围。同年，edX与清华大学和北京大学合作开发了两门课程，标志着我国正式亮相MOOC平台。

Udacity为第三大在线网络平台，与前两个平台不同的是，Udacity是盈利性的在线教育公司。它属于一家私立的网络教育机构，在内容上它与上述两个平台不同，可以说是兼收并蓄，课程数量巨大，内容涵盖广泛，并且除了在网络上学习，它的课程视频还可以在优酷上观看，并且近千集内容被翻译成中文。它采用翻转课堂和“游戏式”的学习方式，每门课程由多个单元组成，每个单元的视频长度为10分钟左右，简练短小的重点讲解有助于学生高效地吸收知识，并且充分利用典型实例，实时与学生交互回答，增加课堂气氛的同时也避免了网络课程与学生互动较少的弊端。另外这个教学平台会给每个课程设置期末考试或评估来测试学生学习效果，学生也可以通过远距离在网络上进行考试取得证书甚至相应文凭，可以说虽然这是一个以盈利性为主的教学平台，但是它以丰富的课程形式，先进的技术性等优势深受学习者的热爱。

四、提高课堂活跃氛围的软件技术

软件教学是指在教学过程中应用一些专业软件进行知识点的教学与讨论，可以让学生积极主动参与到教学过程之中，并且可以在课后进行问题交流与作业讨论等活动。当今社会，常用的教学软件包括PowerPoint、Flash、课件大师等，在音乐专业方面也有专业的视唱练耳大师、MIDI制作、Sibelius等关于音乐资料搜索，音乐内容制作，音乐知识练习等方面的针对性软件。

（一）软件技术用于教学的优点

1.教学内容的清晰化

展示教学内容是软件应用中最普遍的使用方式，并且最常用的软件就是PowerPoint。它是一种幻灯片的制作，在幻灯片中可以插入视频、图片、文字、动画等内容，清晰地展示出上课内容。一般在制作幻灯片时，教师首先会把整节课的大纲展示出来，让学生了解即将学习的内容，然后利用超链接功能分点来讲知识，方便学生理解并根据关键词来做笔记，同时节约上课书写板书的时间。

2.专业知识的生动化

对专业性知识，也可以说是重难点的讲解，教师利用软件来进行讲授会使学生印象更加深刻，如在进行唱歌教学时，可以把重要乐句重复制作，着重强调，让学生有趣又深刻地记住关键部分；在介绍故事背景或者作者简介时，可以运用动画把内容做得通俗易懂，让学生易于理解并接受；再有对重点的知识点可以运用软件换颜色标注，加深学生对知识点的记忆。这样做的目的都是把重难点特殊化，也只有这样才能突出课程的关键点，学生也才会快速抓住专业知识点。

3.教学方式的多样化

丰富的软件技术可以使上课方式多样化，如体验式教学——教师可以利用 MIDI 技术把同一首音乐做成不同的音色，使学生不仅可以感受不同乐器演奏出来的音效，还可以加深对乐曲的印象；沉浸式教学——教师可以运用相关游戏软件，在课堂上与学生一起参与，这既可以丰富学生课外知识又可以增加师生感情；情景式教学——结合软件烘托出一个与教学内容相关的虚拟氛围，使学生仿佛身在其中，这对学生启迪思维、发展想象、智力开发等方面的培养都有显著效果。除此之外，还有多种教学方式待教师们去研究，这是传统课堂所做不到的。

4.课后练习的自由化

其实不管用多么有效的上课形式，课堂上的学习时间总是有限的，课卜的巩固和积累是学习过程中必不可少的。教师需要在课堂上为学生演示相关软件的操作方法，让学生形成一种软件使用习惯。教师可以利用相关软件布置作业供学生交流、讨论，也可以做课外拓展。

（二）软件教学应用案例

1.利用 Sibelius 教授音符与时值

Sibelius 是一款打谱软件，它可以发出常用的音符与模仿各种乐器的声音，在教授学生音符时值时，运用它会使课程更加生动形象。教师可以根据讲课速度逐一打出讲授内容，让学生能够看到，并且听到音色和节奏等内容，还可以根据自己的想法随意设计内容让学生去尝试打出节奏或者唱出音高，所以这款软件对音乐基本要素的讲解是非常有效的。

2.制作配乐 PPT 导入新课

教师在课程的导入中，可以利用 CoolEditPro 音频编辑软件，截取某首歌曲中的某一段，插入 PPT 中，让 PPT 呈幻灯片播放模式，这样就形成了一段简短的小视频。这种导入形式可以使学生尽快地进入学习状态，但这种建议仅在新课导入过程中使用。

五、增添共享资源的云平台技术

云平台从“系统”上看由三个层次组成：基础环境、系统基础应用、第三方应用。基础环境为运行和管理云应用的基础环境，包括桌面、账号管理、消息中心等。系统基础应用主要包含一说（即时通信）、一信（邮箱）、一盘（文件云存储及在线编辑）、联系人（名片、好友动态、个人主页）、记事本、表格等在线编辑工具及图片查看器、PDF 阅读器等辅助性工具。第三方应用类似电脑上的可安装软件，或智能手机中的APP。

（一）云平台的特点分析

1.教学资源的多元化：海量优质资源，同步精准推送，类型丰富的优质资源精准匹配到章、节、课。云平台技术服务于教研驱动下的优质课程资源建设，促进区域特色优质教学资源的汇聚、交流与分享。通过云平台技术自定义校本课程体系，共建全校资源共享，打造特色校本资源库，提升本校教学效率。云平台技术还可以丰富导学案，提高学生自主学习能力，提高学习效率、拓宽学习视野、改善学习方法。

2.教学模式的自由化：个性化导学案、助力翻转课堂，文本、微课、习题的导学案，有效引导学生自主学习。云平台技术的强大课件工具，可以实现轻松高效备课：同步教材、优质资源匹配到课件，一键获取；教学模板、互动试题、学科工具，一键调用。电子白板实时呈现课程内容，增加互动氛围，书写快速并且方便储存，促进高效的教学质量。云平台技术可以提高作业批改效率，实现翻转课堂的授课方式。

3.能力检测的多样化：课上即时组卷，结果一键收取，实时在线检测，快速显示成绩，精准分析评测，引导自主学习。多样课后作业，弥补传统作业盲区，作业结果及时反馈，帮助老师以学定教。云平台技术可以提高课堂学习效率，实现学习结果云端呈现。作业方式多样，支持文字、图片、视频、音频，不受限制。丰富体验作业，弥补传统作业盲区；个性化评价及评语，促进学生乐学善学。整理学习过程中的错题，帮助学生找出学习中的薄弱环节，学习重点突出，通过重做可以消灭错题，更好掌握知识点。

4.教学团队的专业化：教师可以自觉组织教学团队，进行教学内容研究，可以开展示范课例、名师微课、公开课等部分特色模式。团队内成员定期进行互相观摩与讨论交流，还可通过名师点评指导，提升教师专业素质。通过教学专题活动，以活动的形式对教师进行教学理念、教学方法、教学研究等专题辅导。帮助教师进行正确的自我评价和自我反思，促使教师自我反省、主动学习、取长补短。以研究专题、教学理念、教学方法等方式对成员进行能力提升，通过成员之间上传的视频课程进行评论和评分，共同提高教学水平。

5.信息分析的系统化：丰富了固定资产的信息内容，实现了资产管理的数字化。汇集了超过几十项管理应用，全面解决学校在办公、教务、校务管理等各方面的管理需求。丰富的统计维度报表，多样的报表展现方式，全方面跟踪学生学习情况、教师任教情况。为学生“德智体美劳”全面的发展状况提供评定结论。帮助校园管理者及时、迅速、准确了解学生及各部门教师出勤及出入情况，改善与规范管理模式。提供强大的学籍报表，供学校领导作决策参考，丰富的统计报表，对课程选修情况，班级选定情况，学生对教师评价进度，教师对学生评价进度等，提供清晰、直观的数据分析。对学生日常表现各方面的数据进行分析，帮助学校更全面地了解学生，跟踪学生成长，帮助学校有针对性地发现问题、改进教学、提高质量。

6.评价机制的全面化：通过课堂实录的观看与点评，深入教学情境，从教学理论的高度作出有针对性的评价与诊断。帮助教师进行正确的自我评价和自我反思，促使教师自我反省，主动学习，取长补短。“一键图像采集”+“自主在线评阅”的分布式云计算评阅解决方案，让阅卷更便捷。

（二）云平台教学应用案例

1.人人通云教学平台的使用

人人通云教学平台是教师和学生都可以在手机上下载安装的“学乐云手机客户端”。

教师可以在平台上上传学习相关资源，如课件、教案、参考资料、相关视频音频等，同时可以根据已学知识或者未学知识进行作业的布置，学生之间可以在上面进行沟通交流，并且把完成的作业上传到云端，家长也会及时看到学生完成作业情况与教师的评价等信息。至于在课堂中的使用，一方面是在学生上交的作业中，挑取优秀的作品与所有学生共同欣赏，另一方面教师从互联网上精心挑选名家的优秀作品上传到云平台，课上播放给学生，通过有感情的声音和真情的画面的烘托，可以把教学氛围推到高潮，成为整节课教学的小亮点。之后，教师还可以再次布置作业，让学生再次上传更改过的作品，评出优秀音频一、二、三等奖，供平台上学生及教师们传阅。

2.教育资源公共服务平台

教育资源公共服务平台包含优秀空间、资源推荐、社区、成果展示、通知公告、推荐应用等模块。在这个平台上，教师可以创立自己的教学工作室来组成相关的教学团队，分享一些资讯与教学经验。学生有自己的学习空间，可以发表一些心情与创作文章供学生之间交流和学习。

第三节 信息时代中小学音乐课堂教学新模式

一、以音乐素养为核心的MOOC模式

慕课（简称为 MOOC），指的是大规模开放在线课程，是信息时代下教育界的产物，也是一种新型的课程模式。它的目的是形成一个以兴趣为向导，不受身份、时空、人数等条件限制的大规模课程。

（一）慕课的制作

1.准备相关制作材料

制作慕课首先要介绍自己课程的相关信息，包括课程的名称、内容、任务量、适应对象、教授课程的教师简介、课程教学的开始日期与持续时间等，还包括教学安排、课程大纲设计、课程先修知识以及是否颁发结业证书等。

2.录制课程相关视频

课程相关视频包括课程宣传片的录制与课程讲座内容的录制，课程的宣传片指的是介绍课程大致内容的一个简短的总结，基本时间在 1~2 分钟左右，内容包括课程教学方向的介绍、教师团队与教学安排的介绍及课程建议与适合学习的对象的介绍等。课程讲座的录制就是真正的教学内容的录制，大部分情况下是把一堂 1~2 个小时的课程，分开编辑成 5~15 分钟的课程再传送到慕课平台，使学习者可以分部分、分知识点地来学习相应知识，有针对性地选择想要学习的或者没有听明白想要重复再听的内容。除此之外在教学过程中需要用到的课件（PPT）也要上传到平台上供学习者使用，这样可以真实有效的提高学习效果，并且方便学习者对自己学习的内容进行总结。

3.设计课后评价与测试

慕课的一大特点就是在学习过程中和课后都可以设置相关的测试来测验学习者接受知识的程度，分为嵌入式测验和独立测验。嵌入式测验是指在学习过程中根据学习内容临时提出来的测验，一方面可以了解学习者对刚刚讲过的内容是否理解，另一方面还可检验学习者是否一直在线认真听课。慕课另一大特点就是教师可以通过同伴互评和讨论区来了解学习者疑惑的相关问题，并及时地给予帮助和解决，使教师与学习者在网络上实现零距离接触。教师可根据上课内容来布置相关作业，学习者完成作业后可上传至网络供教师和其他学生查看，学习者们可以根据同伴的作业来互相提出问题和发表看法。除此以外还有一个专门供学习者讨论的讨论区，学习者可以在此区域发表未知问题，由老师和其他学生给予解答和讨论，根据得到的答案学习者可以启用已解决或者未解决标签，能够清楚地看到本课程内容相关知识点的讨论与学习者的活跃程度。

（二）慕课教学应用案例

以尹爱青教授在中国大学 MOOC 平台上的《音乐课堂教学课例评析与研究》课程第 4 次开课为例：

1.课程名称：音乐课堂教学课例评析与研究

2.课程内容描述：基于实践到理论提升，再回到实践。既关注音乐课堂教学的热点，又探讨音乐教学理论；既关注学生学习，又考虑教师专业发展。课程内容有 2 个部分，分 8 章，46 节。

第一部分，音乐课堂教学课例评析。共 39 节，由授课教师、教研员和专家，从教学设计、教学实施、教学效果等对音乐教学课例进行多元评析。所选来自 8 个省市的 17 个课例，涉及小学（10 个），初中（3 个），高中（4 个）。课型从欣赏综合课、唱歌综合课到音乐鉴赏课。

第二部分，音乐课堂教学研究。共 7 节，由专家对音乐课堂教学教什么？音乐课堂教学如何做？音乐课堂教学什么样？等相关问题进行理论分析。

3.课程任务量：每周 5 课时

4.课程教学对象：本课程针对中小学一线音乐教师、音乐师范生、研究生和教研员。

5.开课时间与持续时间：2019 年 03 月 04 日—2019 年 05 月 10 日

6.授课教师简介：各高校教师、教研专家与中小学一线教师。

7.课程大纲：

第一章 小学音乐课堂教学课例评析（一）

第一节 授课教师说课《玩具兵进行曲》

第二节 教研员点评《玩具兵进行曲》

第三节 授课教师说课《大海》

第四节 授课教师说课《月亮月光光》

第五节 教研员点评《大海》和《月亮月光光》

第六节 专家点评《玩具兵进行曲》《大海》《月亮月光光》

第二章 小学音乐课堂教学课例评析（二）

第一节 授课教师说课《老牛和小羊》

第二节 教研员点评《老牛和小羊》

第三节 授课教师说课《彝家娃娃真幸福》

第四节 教研员点评《彝家娃娃真幸福》

第五节 授课教师说课《踏雪寻梅》

第六节 教研员点评《踏雪寻梅》

第七节 专家点评《老牛和小羊》《彝家娃娃真幸福》《踏雪寻梅》

8.先修知识：（1）了解基础音乐教育基本情况；（2）掌握音乐学科教学知识。

9.结业证书情况：有合格证书，也有优秀证书，采用过程性评价和终结性评价相结合的方式进行。其中过程性评价占总成绩的 15%，考查学生参与课程学习，完成课堂作业，参与课堂讨论的情况；终结性评价占总成绩的 85%，通过期末测试进行考核。

二、以艺术测评为目的的微课模式

“微课”主要指的是短视频课程，它的特点就是视频短小精炼，教授内容具有针对性，可以是练习测试、观点讲述、教学反思、教师点评等，并不追求以偏概全，指对某个或者两个问题进行阐述或者证明，这就是其与其他课程的最大差别。因此，它在课堂中适用于重点难点的解析，会更好地使学生清晰、深刻地掌握内容，大大降低了教师讲授重难点所花费的时间，从而增加了学生课堂中接受知识的范围。

（一）微课主要特点、基本类型与注意事项

1.微课的主要特点

（1）教学时间较短。一堂微课的时间一般在 5~8 分钟左右，这是微课最突出的特点，也就是因为时间较短的缘故，这种教学模式被称作微课。从课程时间可以得知，微课占用计算机的空间比较小基本在几十兆左右，这也是微课相比其他模式比较好下载与储存的优点。

（2）教学内容主题突出、针对性强。微课一般针对的是一个知识点的教学，在短短的几分钟内尽可能地把某一个知识点或者重难点解决，这就是微课的针对性特点。也就是因为内容有针对性，因此学习者可以根据想要知道的知识点快速准确地解决问题。

（3）教学形式多样化，趣味十足。微课在设计上没有任何形式上的要求，设计者

可以根据自身的喜好来设计自己讲授知识点的方法，如模仿教学、动画教学、对比教学、问答教学等类型。

（4）制作过程简单，以实用为主。微课的制作基本靠视频的录制，制作过程简单、单一，主要是靠知识点的讲述来进行教学，不过部分微课也是靠技术制作的，如动画教学中的动画制作技术与对比教学中的视频剪辑技术等。

2.微课的基本类型

微课按所讲内容和教学对象不同来进行分类，可以分为：

（1）讲授类。根据教学内容，教师单方面进行讲授，适用于简单的知识点传授。

（2）问答类。教师通过一个一个的问题来引出新的知识点，既可以复习旧知识又可以学习新知识，适用于较复杂和与之前知识点有联系的内容。

（3）演示及实验类。在视频中通过实验来讲述和证明所讲知识点的准确性，适用于年龄较小，理解力相对较差的教学对象。

（4）自主学习类。以学生为主体，引导学生的自主学习意识，充分发挥学生的自学能力，适合年级较高有自觉意识的教学对象。

（5）合作探究类。适用于学生以小组或者团体的方式进行知识的学习，学生之间可以取长补短，达到获得知识量的最大化。

（6）练习类。视频中主要内容是对已学知识的检测，教师针对已学知识设计不同类型的练习题供学生巩固知识点，多数用于考试前的复习准备。

3.微课制作的注意事项

（1）选题方面：微课因为是短小的课程，所以在选题方面要有针对性地选择一个到两个的知识点，时间尽量掌控在 5~8 分钟左右，不适用于复杂的知识讲解。

（2）字幕方面：后期制作时字幕的速度与语音的速度要一致，一次呈现在屏幕上的字数不宜过多，时间不宜过短，否则会影响教学质量。

（3）语音方面，微课的语言要尽量地简单、易懂，不宜添加过多的修饰词，语速方面要控制得当，不宜过快或过慢，不可用方言教授。

（4）小结方面：微课的结尾要尽可能地添加小结，对所讲知识进行总结，对教学效果起到画龙点睛的作用。

（二）微课的教学案例

1.利用 PPT 进行微课录制

张老师要去市里学习一天，学校教师资源紧张，没有人给他代课，于是他就利用PPT 录制了一节微课，由班长在课上播放给其他同学，以下是录制方法：

（1）利用 PPT 制作教学相关内容；

（2）每一张幻灯片进行“当前幻灯片开始录制”模式；

（3）把录制好的视频转换成 Windows Media 视频格式。

这种录制方式既简单又快捷，可以有效解决教师不能当堂授课的问题。但是缺少师生互动环节，教师无法及时掌握学生情况是这种方式的弊端，因此在课堂教学中不建议经常使用这种模式。

2.利用屏幕录制软件制作微课

为了在课后解决学生自主学习困难的问题，可以利用屏幕录制软件制作微课视频，方便学生在电脑或者手机中随时观看，激发学生的学习兴趣。制作方法如下：

（1）制定针对性的教学计划；

（2）打开屏幕录像专家软件与画图等制作工具，连好耳麦与话筒，做好录制准备；

（3）开始录制，一边讲述内容一边在屏幕上画出知识点；

（4）制作完毕后运用视频编辑软件进行后期处理，加入片头和片尾，最后分享到QQ、微信群或者云盘等虚拟空间。

这种制作方式的优点在于录制的视频质量与音频质量相对清晰明确，内容有针对性，利于学生快速解决问题。但是也存在一定的缺点，如学生网络配套跟不上，下载视频不够流畅，还有这种微视频如何融入课堂教学是教师们未来需要认真探究的专题。

三、以教育质量为主导的翻转课堂模式

所谓翻转课堂其核心意义是指以学生为主导的课堂教学模式，有人称其为“反转课堂”。这种模式与传统课堂最大的区别就在于学生不仅仅是学习者，也是教授者。在课堂上学生可以通过自己搜索或者查找到的内容来进行交流，互相提问答疑来解决许多问题，而教师在课堂中的角色就变成了引导者，主要是在学生的交流过程中，予以

解释说明或者补充。这样的方式充分利用了学生的自主学习能力，让学生主动地学习交流，引起兴趣，在提高课堂教学质量的同时还可丰富教学内容，真正做到了以学生为主的教学观念。

（一）翻转课堂特点分析

1.教学视频短小精悍

所有适用于翻转课堂的教学视频都有一个共同的特点就是短小精悍，学生根据网络上或者教师录制的微小视频来自主地学习知识，再根据学习内容提出相关问题在课堂上解决，因此要求学生学习的知识点具有具体性和针对性，这样方便学生自主地理解和分析问题，达到真正节约教师上课时讲述知识点的时间，促使翻转课堂有效的实施。

2.重新建构学习流程

与传统的教学模式相比，翻转课堂可以说是彻底颠覆了课堂的上课模式，从之前的教师教授，学生接受，到现在的学生自学，向教师发问，经过教师引导和同学之间互动交流中解决问题的过程，充分显示了以学生为主的教学思想，提高了学生的分析学习能力，达到了以培养能力型人才的目标。

3.增添学生与教师之间的互动氛围

翻转课堂实现了先学后教的预习化模式，使学生自主地学习未知知识，这样可以用节约出来的课堂时间来讲述知识点，从而进行探讨与交流，这样的模式平等了教师与学生在教学中的地位，学生可以根据自己思考不明白的问题对教师进行提问，一来一回地与教师的观念发生碰撞，引出新的内容。

（二）翻转课堂案例分析

1.重庆聚奎中学

重庆聚奎中学的翻转课堂教学实践走在我国的翻转课堂实践前列，他们的翻转课堂是让每个学生都准备自己的平板电脑，然后利用学习管理平台和视频链接学生的学习终端，从而进行教学。这就要求教师在课前发布导学案，然后组织教师们录制10~15 分钟的小视频上传到学校的“校园云”平台，学生就可以在课前根据导学案观看视频，然后通过网络平台上的测试题来检测学习内容，教师们就可以根据学生的测验结果来及时了解学生的学习情况，来设计课堂教学。在上课时，教师可以根据已经反馈的学生情况，来针对学生普遍存在的问题进行解决，个别问题还可对学生单独辅导，课后再对应相关课程给学生发布试题与试题解析，使学生可以反复对知识点加以探究与反思。

2.深圳南山实验学校

深圳南山实验学校的翻转课堂教学实践的教学理念从根本上落实了“以人为本”的教学理念，让学生可以在快乐的氛围中获取知识，他们是利用推行云计算环境中翻转课堂平台的方式来进行实验，课前学生通过云平台观看教师布置的课程内容，然后进行测试，平台会立刻将结果反馈给学生，他们在了解自己所掌握的情况后，再针对错题进行相应补充性学习，之后教师在课堂上通过打开平台来查看每道题学生的错误率，针对错误率高的题目加以分析与讲解，使学生深刻理解、记忆。

四、教学模式改革面临的问题

（一）教师信息技术能力受限

当下时代信息技术飞速发展，但是大多数音乐教师会因为信息技术的使用能力在教学中受限，这也是目前教学模式改革所面临的首要问题。教师在信息技术上的使用直接会影响到课堂的教学效果，如没有清晰地表达重难点问题所在，没有对重难点问题进行剖析，课件制作不规范，不够美观，导致学生眼花缭乱，甚至影响审美观念等问题，都是由于教师使用信息技术能力受限导致的，因此想要对教学模式进行改革，就需要国家或者学校以及教师本人提高对信息技术能力的培养，使信息技术教学真正达到提高教学质量，丰富学生听觉感受的效果。

（二）学校信息技术条件受限

目前，在很多一线城市都可以看到学校中每个班级都会配备多媒体设备，有的学校更是具备了专用视听音乐教室。在这样的硬件设施下，学生会直接感受到教师传达出来的音乐语言，甚至一些音乐中无法用语言去形容的感受也可以用音频或者视频来代替。但是这种高水平的硬件设施还仅仅存在于很少一部分的学校中，大部分的学校虽然有基本的多媒体播放设备，但是在音响设备这一块就相对差一些。而音质的效果会直接影响音乐的美感，对音乐的传达也是一个阻碍，并且仍有一部分学校并没有相应的信息技术设备，还在遵循着传统的教学模式，这就影响了学生在学校中获取丰富资源的机会，因此解决学校的信息技术设施问题，也是教学改革中不可避免的重要问题。

（三）教学观念的误区

信息技术在教学改革中是必不可少的手段，但是它并不是毫无弊端的，如当今社会资源丰富，高精尖资源却稀少，教师与学生在获取资源时并不能保证获取的是绝对权威或者有技术含量的资源，眼花缭乱的信息反而会让他们不知所云，抓不住重点。而在课堂中教师根据自己所拥有的资源来进行教学时也容易过分依赖信息资源，而导致缺乏与学生的交流、互动与展示，换句话说，其实传统课堂中虽然有许多显而易见的弊端，但是对传统教学模式我们不可全盘否定，必须要去粗取精地保留。因此，在使用信息技术教学过程中教师们应该做到既利用丰富资源又抓住教学重点，既享受视听盛宴又主张亲身体验，既以幻灯片播放为主又不失板书风采，既依靠信息手段又加深师生交流等，这样的教学观念才能使我们的教学改革呈现出最完美的效果。

第九章 中小学音乐教育教学实践研究

第一节 小学音乐教学中电子琴的运用

一、电子琴教学的意义

学生在学校大部分时间上的课程是语数外等文化课，由于平时文化课的课程多，所以学生也需要适当的放松一下，此时音乐课就是一个能让学生放松的最好的课程。在音乐课上不仅能学到知识，还能起到放松心情的效果。电子琴以其音色丰富，节奏多样，表现力强，演奏方法较易掌握等特点，受到学生的喜欢。所以，在小学音乐课堂中用电子琴教学是一个明智的选择。

（一）激发学生学习兴趣

小学生一个重要特点就是好奇心强，这是教师教学激发学生兴趣的重要切入点，作为小学音乐教师，应当科学利用学生的好奇心，提升其对音乐学习的动力与兴趣，协助其打开音乐世界的大门，促进其音乐素养的提升。电子琴对于教师而言是一个重要的教学用具，实践中应用性极高，其具有音色、节奏丰富和电声效果多样的特点，对小提琴、小号、吉他等乐器能够良好地模仿，同时也能够模仿生活中常用的音乐和多种音效。这能够很好地引发学生好奇心，满足学生对音乐的需求，也能够帮助学生建立起对音乐学习的良好兴趣，为学生学习音乐打下良好基石。

（二）培养学生节奏感

一首曲子最有魅力的就是它的节奏，节奏是音乐的灵魂，没有节奏的音乐就不叫音乐。音乐是一门听觉艺术，而艺术是源于生活的。教师可以引用生活中发生过的事情来举例，这样更能激起学生的共鸣。教师要指导学生用耳朵听来感受音乐中的节奏，如节奏是快的、慢的，抒情赞美的、铿锵有力的，学生要能分辨出来。电子琴的功能很多，它有多种节奏音型，教师可以通过演奏这些节奏音型，让学生来讨论这些节奏音型。

（三）开发智力和创造思维

有关研究证明：大脑两半球对人体运动和感官支配管理是交叉的，既支配左右手运动的是左右脑。电子琴的演奏特点，常常是双手并用密切配合，协调运动。再加上学生在演奏时要看乐谱，迅速准确地鉴别乐谱中的音符的高低，时值的长短，强弱变换音色等，这一切要在同一时间内准确而有序的进行。在演奏中还要背谱，进而培养了学生的注意力、辨别力、理解力、记忆力等。

一首曲子给每个人的感受是不同的，正如有一百个读者，就有一百个哈姆雷特一样。学生通过弹奏这首曲子，能够大概说出这首曲子表达的是什么样的情绪。学生要展开想象的翅膀，大胆地提出自己的想法。在想象的过程当中，要积极地进行思考，从而来提高自己的创造思维能力。只有理解了曲子所要表达的情感，才能更好地演奏出这首曲子。

二、音乐课中电子琴的运用

在音乐课堂中，电子琴的运用是十分广泛的，尤其是在小学的音乐课堂中，电子琴比钢琴更占优势。因为在小学的课本当中，有许多关于乐器的欣赏，这时候电子琴就可以发挥它模仿能力强的特点，这是钢琴所不具备的。

（一）电子琴在歌唱课中的运用

电子琴作为一种伴奏乐器，教师可以用它来给学生弹歌曲的伴奏，通过教师的弹奏，能有效提高学生对音准的把握，比教师自己去示范，学生跟唱更有效果，而且教师也比较省时省力，同时也能让学生建立一定的音准概念。电子琴的音响效果也能给学生带来一种特别的感受，能够激发学生学习的好奇心，从而更容易接受知识。

1.实践教学

“蜗牛与黄鹂鸟”是具有代表性的一节电子琴与歌唱相结合的课，以下通过对教学重点难点的说明，以及教学过程的详细记叙，总结了电子琴在“蜗牛与黄鹂鸟”歌唱课中的运用情况，见表 9-1。

表 9-1 “蜗牛与黄鹂鸟”教学设计

授课人	王老师	授课时间	星期一
课程名称	蜗牛与黄鹂鸟	课程类型	教唱课
教学目标	情感态度与价值观：通过学唱歌曲并学习蜗牛坚韧的品质和积极向上的乐观态度。 知识与技能：学唱歌曲，并掌握一些节奏型。 过程与方法：学生通过合作方法来反复练习节奏，并能够进行创编。		
教学重点	学唱《蜗牛与黄鹂鸟》		
教学难点	感受歌曲中的情绪		
教学准备	电子琴、课件		
教学过程	1.谜语导入 （1）有一个小动物，它背着一座小房子，还爬得很慢，大家猜猜看这是什么动物？（蜗牛） （2）学生观看图片，说说蜗牛和黄鹂鸟的特点，教师用电子琴的键盘音色来模仿鸟叫声。 （3）下面我们一起来学习一首好听的歌曲，它的名字叫《蜗牛与黄鹂鸟》。 2.学唱歌曲 （1）初听歌曲并读出歌词（PPT 出示歌词）。 （2）教师对简谱中的复杂节奏进行讲解。 （3）学唱歌谱，教师用电子琴的键盘音色来放节拍帮学生稳定拍子，可以用电子琴不同的节拍、力度帮助学生理解歌曲的情绪。 （4）纠正学生的错误音准，教师用电子琴弹简谱给学生提供音准。 （5）把歌词带入简谱中唱一次歌词，教师用电子琴为学生进行伴奏。 （6）学生学会唱歌词的时候，教师可以让部分学生用电子琴来给其他学生弹奏《蜗牛与黄鹂鸟》。		

续表

授课人	王老师	授课时间	星期一
课程名称	蜗牛与黄鹂鸟	课程类型	教唱课
教学过程	3.分角色演唱歌曲 教师用电子琴给学生伴奏，让学生进行表演。 在愉快的歌声中结束本课。		
课堂小结	我们今天学习了《蜗牛与黄鹂鸟》，我们要学习蜗牛的精神，在遇到困难的时候要有一颗永不言败的心，这样我们就能战胜困难。		
教学反思	让学生运用电子琴来弹奏歌曲，检验学生有没有掌握本节课的知识点。教师运用电子琴的键盘音色来模仿鸟叫，能引起学生的学习兴趣。		

在教学《蜗牛与黄鹂鸟》这首曲子的时候，教师打破了传统的教师教唱的方法，因为教师教唱存在很多弊端，学生难以建立音准概念。由于电子琴自身的音高是固定的，学生跟着琴声学习更容易掌握音准。教师先用电子琴来弹奏几遍，让学生来试着唱简谱，等到简谱都会唱的时候，再进行下一步，试着把词带入谱子中，在唱的过程中，教师去发现问题并予以指正。教师对学生唱的有问题的歌词进行教学，从而提高学生对音乐的感受力，在学生学会唱的情况下，教师可以通过讲解使学生更深入地了解这首曲子。教师还可以组织学生进行分组比赛来演唱这首曲子，还可以找一个学生让他给其他学生伴奏，激发学生的学习兴趣，加深学生对此歌曲的理解，发挥多种模式教学。

2.教学反思

电子琴的音高是固定的，所以学生在唱歌的时候容易建立音准概念，有了音准这首歌就成功了一半了，歌曲的另一半就是节奏，节奏对于一首歌是很重要的。而且在练习节奏的时候，教师可以通过电子琴上的音响来播放节奏，让学生跟着一起打节奏，电子琴上的节奏是固定的，很稳，学生能稳稳地跟住。如果是让学生自己去打，很容易出现忽快忽慢的效果，这是其他乐器所没有的功能。

（二）电子琴在器乐课中的运用

在小学的音乐课中，不单单只有歌唱课，也有器乐课。对于以前没有接触过键盘乐器的学生来说，学习乐器的第一件事就是认识五线谱，认识五线谱对于很多初学的人来说是比较困难的。此时教师要用最简单的办法来进行教学，可以编口诀，如高音谱号“一线 mi，二线 sol，下加一线就是 do，一间 fa，二间 la，下加就是 re，三线正中唱着 xi，三间就是高音 do”，一段时间后，学生在认识了 do、re、mi 三个音后，就可以在琴上进行练习了，教师要示范把位，让学生在琴上去找正确的位置，找到位置之后，教师要指导学生用正确的手形。学习电子琴，正确的手形是关键。在学习的过程中，学生要尽快地熟悉键盘，为了学生能够快速的熟悉键盘，教师可以在五线谱上写一个音，让学生迅速地弹出来。学生熟悉了键盘之后，就可以进入节奏的学习了，要学习各种音符，如全音符、二分音符、休止符等，学习这些音符的时值。掌握了音符就可以进行简单的歌曲弹奏了。教师可以指定一首简单的曲子，让学生用单手练，在练习的过程当中发现问题并予以指正。在学会弹奏一首曲子的时候，也可以要求学生自弹自唱，以此来培养学生多方面的发展。

小学阶段的学生，他们的接受能力强，再加上是自己感兴趣的东西，所以很快就能学会。在小学开设电子琴课，既丰富了课堂，又能激发学生的兴趣。在具体的教学过程中，切不可操之过急，要慢慢一步一步来学习。

1.实践教学

“玛丽有只小羊羔”是具有代表性的一节电子琴器乐课，以下通过对教学重难点的说明，以及教学过程中的详细记叙，总结了电子琴在器乐课中的运用情况，见表 9-2。

表 9-2 “玛丽有只小羊羔”教学设计

授课人	张老师	授课时间	星期三
课程名称	玛丽有只小羊羔	课程类型	器乐课
教学目标	情感态度与价值观：通过学习《玛丽有只小羊羔》，感受歌曲的意境。 知识与技能：了解《玛丽有只小羊羔》的弹奏指法。 过程与方法：能流畅的分小节进行练习，边弹奏边唱词。		
教学重点	清楚《玛丽有只小羊羔》的弹奏指法		
教学难点	边弹奏歌曲，边唱词		
教学准备	电子琴		

续表

授课人	张老师	授课时间	星期三
课程名称	玛丽有只小羊羔	课程类型	器乐课
教学过程	1.导入 （1）同学们我们先来温习一下上节课所学习的内容吧，大家来把手放到电子琴琴键上的正确位置，同时要注意我们的手型。 （2）下面我们就来听这个故事。 2.新课教学 （1）熟悉电子琴的键盘，让学生保持正确的手形和坐姿。 （2）熟悉《玛丽有只小羊羔》的歌词。 （3）教师在电子琴上给学生示范指法，学生根据谱子中的音和节奏在电子琴上演奏出来。教师对个别学生进行辅导，在辅导个别学生的过程中发现问题再进行集体讲解。 （4）指法熟悉了之后，教师先用电子琴伴奏让学生唱《玛丽有只小羊羔》的歌词。 （5）学生自己弹奏电子琴并试着分小节演唱歌曲《玛丽有只小羊羔》。 （6）经过练习后，让能边弹奏电子琴边唱歌词的同学给大家做一个示范。 3.同学们，我们在弹电子琴的时候要把唱歌词和弹奏结合起来，这样我们的技能才会增长。希望同学们在下课后能够多多复习上课的内容。		
课堂小结	通过学习《玛丽有只小羊羔》，让学生明白弹和唱应该结合起来，不能只顾一边。		
教学反思	大部分学生能够独立完成歌曲的弹奏，只有部分同学能够把歌曲的弹奏和演唱结合起来。个别学生的手形不够规范。对于指法也不是很清楚，还需多加练习。		

2.教学反思

学生能够掌握《玛丽有只小羊羔》的指法，但是手型不够标准。对于指法也不是很清楚，只能唱简谱弹，不能够一边弹琴一边唱词。顾了弹琴顾不上唱词，之后还需要多加练习。在器乐课的教授过程中，由于电子琴的体积小，而且它搬运比较方便，可以移动地方。还可以调节音量的大小，即使很多人一起弹，也不会很吵，这是其他乐器所不能比的。电子琴自身所带有的节奏音响，能给歌曲伴奏，使歌曲听起来不那么单调。还能给学生提供弹奏的速度，如果让学生自己控制速度，低年级的学生对于速度的把握不是很到位，很容易出现速度不稳的现象。所以用电子琴的速度来给歌曲打节奏，这种现象就容易控制了。

（三）电子琴在欣赏课中的运用

素质教育包括音乐教育，而音乐教育又包括音乐欣赏。学生只有学会欣赏音乐，才能够更深入地理解音乐。在小学低年级的一些学校当中，常常没有欣赏课，甚至音乐课都被语、数、英等文化课所占据。实际上，音乐教育会对小学生的全面发展起到很大的促进作用，也会对他们的性格养成产生或大或小的影响。近些年来，虽然艺术类科目正在发展，但由于人们观念的根深蒂固，在一些偏远的学校，音乐课所占比重还是不高，学校对音乐课的重视程度也不高。即使有音乐课，也是把音乐课变成了唱歌课，只是单纯的会唱几首歌就感觉达到了标准。有些地方学校的老师，上欣赏课只是让学生听音乐，把欣赏课变成了听音乐的课。对曲子的理解只是好听与不好听，没有其他别的感受或理解。也不需要学生进行思考，这样就失去了开设这门课本身的价值。其实欣赏课本身并不是这个样子的，他是为了培养学生的音乐鉴别能力和对音乐的理解能力。教学应当是学生自己先动脑进行探讨知识，不会的知识经过老师的讲解，学生会记忆深刻。而不是教师把所有现成的知识都讲给学生，让学生不用动脑筋就可以得到知识，这样的教学模式是不提倡的，不利于开发学生的思维，也容易让学生养成不爱动脑的坏习惯。在小学的课本中，有许多需要欣赏的曲目，还有许多乐器的欣赏。此时，电子琴就能发挥它极大的作用，电子琴能发出多种乐器的声音，能满足对于乐器的欣赏需要。

教师在上音乐欣赏课时，可以用钢琴，电子琴、吉他等乐器辅助进行教学，这样做一方面可以培养学生的好奇心，另一方面可以使课堂气氛更加活跃。在上欣赏课时，教师可以以讲故事的形式来一步一步引导学生理解音乐。1—2 年级的学生主要以感官欣赏为主，在教学中要注意培养他们的音乐感知力，他们聆听的音乐篇幅较短。3—6 年级的学生，在上了两年的欣赏课之后，他们的鉴赏能力有了一定的积累，也有了一定鉴赏音乐的能力，这时候的学生在上欣赏课时要加强训练他们对音乐的理解力，理解音乐中所表达的内容和感情。

在欣赏歌曲时，教师可以用钢琴的音色来弹奏曲子，也可以用电子琴的音色来弹奏曲子，让学生来感受钢琴和电子琴之间的差异，感受两种乐器带来的不同风格。

1.实践教学

“月亮月光光”是具有代表性的一堂欣赏课，以下通过对教学重点难点的说明，以及教学过程的详细记叙，总结了电子琴在“月亮月光光”欣赏课中的运用情况，见表 9-3。

表 9-3 “月亮月光光”教学设计

授课人	李老师	授课时间	星期五
课程名称	月亮月光光	课程类型	欣赏课
教学目标	情感态度与价值观：体会歌曲《月亮月光光》优美的旋律，感受作者对生活的喜爱之情。 知识与技能：感受歌曲中的弱起小节，能够用美妙的声音演唱《月亮月光光》。 过程与方法：通过聆听《月亮月光光》，体会歌曲中的意境。		
教学重点	能保持气息的连贯		
教学难点	感受歌曲中的弱起小节		
教学准备	电子琴，多媒体课件		
教学过程	1.导入 复习导入，《台湾岛》这首曲子是几拍子的？它的强弱规律是怎样的？ 2.新课教学 （1）有一类旋律柔美的曲子，刚开始是不需要强拍的，于是强拍就被空开了，教师展示弱起节奏的情况。 （2）出示谱子让学生观看，《月亮月光光》这首曲子让学生找出强拍，教师用电子琴给同学们对比强拍和弱拍。 （3）初听歌曲，歌曲的情绪是怎样的？ （4）带着感情演唱《月亮月光光》，同学们想一下应该用什么样的音色来演唱这首歌曲呢？ （5）教师用电子琴上不同的乐器音色来给学生演奏《月亮月光光》，让学生感受不同的乐器弹奏同一首歌曲带来的不同效果。 （6）学生把歌词带入，教师用电子琴给学生伴奏，学生演唱《月亮月光光》，再次体会歌曲的意境。 （7）最后一小节与开头的一小节合起来是四拍，同学们要注意。 3.合唱歌曲，教师用电子琴给学生伴奏，给学生提供音准。		
课堂小结	通过学习歌曲《月亮月光光》，培养学生对祖国的热爱之情。		
教学反思	在合唱的时候低声部的学生，容易被高声部的学生带跑调，还需多加练习。		

2.教学反思

《月亮月光光》是一首台湾民歌，让学生感受夜晚月光洒在大地上的宁静，学生通过学这首歌曲，培养学生热爱祖国的情感。在实施教学的过程当中，教师太过于重视学生的唱，学生会产生倦怠心理，不能激起学生的主动性。教师可以通过问答的方式来调动学生的主动性，要以学生自己愿意学为主，要引导着学生进行探索。而不是教师满堂灌。有了电子琴的加入，学生会更乐意学，电子琴本身所固有的节拍，可以给学生提供速度，电子琴不会出现忽快忽慢的现象，由于学生的年纪小，如果让他们自己进行打节拍，不容易控制速度。而且在听觉上，电子琴与钢琴的风格是不一样的，能给学生一种新鲜感。这首《月亮月光光》它听起来是很柔美的，电子琴能更好地营造这种氛围。

三、使用电子琴的对策和建议

（一）提高教学的趣味性，灵活选择教学方式

要想提高教学的乐趣，教师要尽量给学生创造一个轻松的学习环境，这样才能提高学生对电子琴的兴趣。在具体的教学当中，教学方法应该是多变的，而不是一成不变的。低年级的学生刚从幼儿园毕业，进入小学，他们还处于儿童阶段，他们的身心特点是好动，注意力不集中，教师要想办法让学生的注意力集中。这个年龄阶段的学生对什么都有好奇心，教师要利用这个特点，可以通过让学生做游戏的方式，也可以通过教师与学生问答的方式，教师在提问的过程中要注意，问的问题要由简到难，不能第一个问题就把学生问住，这样会打击学生学习的积极性，即使学生回答问题的表现不好，也要给予表扬，表扬他敢于回答问题。总之要让所有学生能动起来参与其中，让学生与音乐进行互动。电子琴课程的设置应当充分考虑到学生能不能坐得住，不一定非要上满规定的时间，也可以用其他的时间来跟学生讲一些故事，来增加他们学习电子琴的积极性。

（二）培养学生主动探索的能力

小学生天性活泼好动，可以让他们在音乐课上释放自己的天性，大胆地展现自己。在低年级学生的音乐课本中，有许多歌曲是有形象的，可以让学生进行角色扮演来学习歌曲。培养学生主动探索的能力，在教学过程中教师要加强引导，激发学生想要探索知识的欲望。在教学过程中要细心耐心地进行引导，适当进行提醒，教师不要直接告诉学生知识，而是让学生进行探索，从而得到知识，要做学生学习路上的引路人，注重培养学生的自主性，合作性。

在学习一首新作品前，可以让学生提前进行预习和搜集资料。这样一来，教师在教授新课时就可以带领学生做更多的活动，而不是把时间用来给学生做预习。教师也要多学习一些国外的教学方法，使小学音乐课也变得越来越有趣。这样一系列的活动，会让学生在学习音乐的过程中，不仅掌握了一定的知识，还体会到了学习的乐趣，更能调动全班学生都参与其中。丰富了音乐课堂，改变了传统的、古板的授课方式，让小学音乐课风貌也能够焕然如新。

第二节 基于初中的音乐欣赏与审美教育——以牛杜中学为例

一、初中音乐欣赏课与审美教育

（一）初中音乐欣赏课概况

音乐欣赏课是初中阶段开设的一门基础艺术类课程，在音乐欣赏课中，是要让学生通过学习这门课程，提高整体音乐文化修养。在音乐欣赏课教学中，教师要通过多种教学方法，让学生在一个非常轻松的环境中聆听和欣赏音乐，挖掘学生学习音乐的兴趣和天赋，使学生在和谐、愉快的教学氛围中感受音乐艺术的美，感受音乐艺术在生活中无处不在的重要性。

现阶段，相对于语、数、外等学科而言，中小学音乐教学受到的重视程度和组织管理严谨程度相对薄弱，主要面临以下几个问题：一是师资力量严重不足；二是教学条件相对简陋；三是教学研究不够深入；四是课程标准执行松散；五是教学活动空间受限。针对当前中小学音乐教学工作中出现的诸多问题，从教育主管部门、学校到每一位教师都应当高度重视，以素质化理念和新课程改革要求为根本宗旨，扎实开展教学改革，充分整合资源、优化模式，促进教学工作的顺利开展。

（二）音乐审美教育的内涵及原则

1.音乐审美教育的内涵

所谓音乐审美教育，就是通过音乐艺术向学生进行认识美、爱好美和创造美的能力的教育，启发引导学生在对音乐艺术美的体验感受中受教育。其内涵是指重点引导学生树立正确的审美观，培养他们的审美意识形态，通过不同风格、不同题材、不同国度乐曲的鉴赏，使他们的审美水平不断提高，进而使学生更加地热爱音乐艺术，并最终能在感受音乐魅力、理解音乐的同时提高他们的人文素养和审美水平。

2.音乐审美教育的原则

（1）情感性原则

音乐是一门情感艺术，能更直接、更有力地进入人的情感世界，而审美教育从本质上讲就是一种情感教育。因此，教师要牢牢把握住情感性原则，点燃学生的情感火花，打开学生的心灵之窗，使他们在情绪的勃发与激动中，享受美感，陶冶性情。师生之间和谐的情感交流是音乐教学体现审美功效的重要标志。艺术不能容忍说教，审美不能依靠灌输，施教者与受教者应该凭借音乐审美媒介交流审美信息，这里没有智力教育和道德教育的那种权威性和强迫性，教学双方完全是一种平等的关系。因此，音乐教师应把情感的纽带首先抛向学生，创造一种平等民主、相互交流的学习气氛。

（2）体验性原则

音乐是体验的艺术，音乐创作、表现和鉴赏都离不开人的亲身参与和体验。可以说音乐教学是不能通过讲授方式进行的，而是要在教师的启发和指导下让学生主动体验音乐。这就是说，没有学生的参与和体验就不会有真正意义上的音乐教学。因此，在音乐教学中，教师的语言尽量要少，而且不要总是试图诠释音乐，应以描述性为主，创设审美情境，渲染艺术氛围，引导和诱发学生参与音乐的体验。

（3）形象性原则

形象性是音乐艺术的主要特点之一。由旋律、节奏、和声等音乐语言所创造的音乐形象，具有声态、情态、形态、动态等一系列形象化特征，音乐审美教育正是借助这些具体可感的形象来诱发和感染受教者的。

（4）愉悦性原则

音乐作为人类的一种精神食粮，人们之所以需要它，是因为它能够给人以愉悦、能使人在精神上产生美感。这就是说，保持学生的良好心境，使他们充分感受音乐的愉悦既是音乐教学获得成功的前提也是音乐教学的目的之一。事实上，愉悦性原则正是审美教育产生情感体验和优化效应的心理机制。学生处于愉悦状态，有利于形成兴奋中心，变“苦学”为“乐学”，这就是所谓“乐（音乐）即是乐（快乐）”的道理。因此，在音乐教学中，音乐教学法的趣味化和游戏化不仅可以给学生带来极大地快乐而且会使他们对音乐产生浓厚的兴趣，变“要他唱”为“他要唱”，进而产生持久的音乐学习动力。

总之，音乐课是美的艺术，音乐教师是美的传播者，我们有责任和义务带领学生走进音乐的殿堂，去感受美、理解美、表现美和创造美，塑造美的心灵、美的人格，使他们热爱音乐、热爱艺术、热爱生活。因此，我们要以新课标的基本理念为指导，发掘教育过程中的审美因素，促进音乐与学生的心灵的沟通交融。

3.初中音乐欣赏课与审美教育的关系

音乐教学主要是指利用音乐对思维品质、思想情感与知识技能等的积极影响，计划性开展音乐教学，以此达到音乐教学目标，促进学生多个方面能力提升与思想完善。在素质教育实践中，要求德智体美劳全面发展，其中，美育作为“五育”中不可缺少的一部分，与音乐教学之间密不可分。

审美教育的目的，在于多角度提升学生审美能力，培养学生感悟与情感表达能力。在音乐教学中融入审美教育，可以帮助学生提升对美的感知能力、认知能力与欣赏水平，以此形成良好的审美心态与积极的人生态度。

二、调查情况

（一）研究方法

本研究结合采用采访法和自愿答题式问卷调查法，客观、真实、准确地进行统计分析。

（二）调查对象

选取牛杜中学 10 名教师和 90 名学生进行调查。调查方式及人员范围见表 9-4。

表 9-4 调查人员及方式

调查年级	调查对象	调查人数	调查方式
初一	教师	3	访问式问卷调查
	学生	30	自填式问卷调查
初二	教师	4	访问式问卷调查
	学生	30	自填式问卷调查
初三	教师	3	访问式问卷调查
	学生	30	自填式问卷调查

（三）调查内容

调查问卷主要从学校对音乐教育的重视情况的现状、师资及教育环境的现状入手，在调查对象里，除了采纳学生意见的同时，加入教师群体对相关问题的看法，以此更加全面地掌握牛杜中学音乐审美教育的各方面教学现状，为后续分析评估做好基础。

问卷共分为五个部分，具体如下：

第一部分为各个阶段具体情况。主要调查学生的年级分布，以此判断各年级学习状态下，学生对音乐教学的认知；学生的音乐喜好分布，为流行、古典、民族、摇滚、轻音乐五种划分形式，以此评判兴趣分布。

第二部分为学生上欣赏课时与教师的配合程度。主要调查学生对欣赏课的喜好程度，以及学生在授课时的行为状态，以此分析判断学生对音乐欣赏课的主观认知和基本态度。

第三部分为学生对欣赏课学习的接受程度和对学习方式的调查。主要调查学生在音乐教育中的收获情况、没有收获的原因以及对相关学习方式的主观认识，以此分析判断学生对音乐欣赏课的授课满意程度。

第四部分为学生对学校是否支持音乐审美教育落实的情况和现状调查。主要调查学校对音乐课的教学现状、重视程度，以此分析判断学校对音乐审美教育的扶持力度。

第五部分为开放题，主要调查学生对音乐教学方式的建议。

三、调查结果与分析

调查对象为 10 名教师和 90 名学生，调查问卷按编号进行发放和提问。依次分发问卷 100 份，有效问卷 100 份，有效问卷比例为 100%。

（一）学生的音乐兴趣趋向

经调研，调查对象的 90 名学生中，喜欢流行音乐 65 人，占比 72.22%；喜欢古典音乐 5 人，占比 5.55%；喜欢民族音乐 2 人，占比 2.22%；喜欢摇滚音乐 4 人，占比 4.44%；喜欢轻音乐 14 人，占比 15.57%。初一、初二、初三学生喜好会有一定差别，基本比例变化不变，具体见表 9-5：

表 9-5 兴趣比例变化

年级	流行	古典	民族	摇滚	轻音乐
初一	27	1	0	1	1
初二	20	3	1	2	4
初三	18	1	1	1	9

如表 9-5 所示，初一学生喜爱流行音乐的人数占比高达 90%，喜爱民族音乐的人数为 0 人。初二学生大部分仍然喜爱流行音乐，但人数比初一少 7 人，人数占比 66.67%；喜爱古典音乐的人数比初一多 2 人，人数占比 10%；喜爱民族音乐的人数比初一多 1 人，人数占比 3.33%；喜爱摇滚音乐的人数比初一多 1 人，人数占比 6.67%；喜爱轻音乐的人数比初一多 3 人，人数占比 13.33%。初三学生大部分仍然喜爱流行音乐，但人数比初二少 2 人，人数占比 60%；喜爱古典音乐的人数比初二少 2 人，人数占比 3.33%；喜爱民族音乐的人数和初二相同，人数占比 3.33%；喜爱摇滚音乐的人数比初二少 1 人，人数占比 3.33%；喜爱轻音乐的人数比初二多 5 人，人数占比 30.01%。

教师方面则侧重访问其擅长的教学专业领域。经调研，10 名教师中有 4 人擅长流行音乐教学，3 人擅长古典音乐教学，2 人擅长民族音乐教学，1 人擅长轻音乐教学，擅长摇滚乐教学为 0 人。

综上，在初中学生音乐审美中，流行音乐最受欢迎，古典、民族、摇滚音乐的审美受众人数相对稳定，流行音乐受众人数随着年级升高而下降，轻音乐受众人数相对上升。教师中最擅长的教学领域为流行音乐，没有擅长摇滚乐的，擅长古典音乐和轻音乐教学的教师人数与学生喜爱该音乐类型的人数比重不匹配。

（二）学生对音乐欣赏课的态度

调查对象的 90 名学生中，非常喜欢音乐课的人数有 28 人，人数占比 31.11%；喜欢音乐课的人数有 54 人，人数占比 60%；对音乐课感觉一般的人数有 8 人，人数占比 8.89%，不喜欢音乐课的人数有 0 人。初一、初二、初三学生对音乐课所持态度的分布略有差别，基本人数比例分布不变，具体见表 9-6：

表 9-6 态度比例变化

年级	非常喜欢	喜欢	一般	不喜欢
初一	12	16	2	0
初二	8	19	3	0
初三	8	19	3	0

初一、初二、初三学生对音乐课喜爱的人数占比很高，普遍达到 90%以上，教师眼中的学生对音乐课的态度与学生自己反馈的结果相同。说明音乐审美教学在学生群体中的基础很好。

调查对象的 90 名学生中，上音乐课从头听到尾的人数有 28 人，人数占比 31.11%；对上课内容不感兴趣不听，感兴趣听一会的人数有 54 人，人数占比 60%；上课睡觉的人数有 8 人，人数占比 8.89%。初一、初二、初三学生对音乐课所持态度的分布略有差别，基本人数比例分布不变，具体见表 9-7：

表 9-7 听课比例变化

年级	从头听到尾	不感兴趣不听，感兴趣听一会	上课睡觉
初一	12	16	2
初二	8	19	3
初三	8	19	3

初一、初二、初三学生对音乐课的喜爱程度与在课堂上的表现成正比。教师眼中的学生对音乐课的态度与学生自己反馈的结果相同。

（三）学生音乐欣赏课的学习情况

调查对象的 90 名学生中，认为上音乐课有所收获的人数有 44 人，人数占比 48.88%；认为没有收获的人数有 46 人，人数占比 51.12%。初一、初二、初三学生对音乐课所持态度的分布略有差别，基本人数比例分布不变，具体见表 9-8：

表 9-8 接受程度态度比例

年级	有所收获	没有收获
初一	16	14
初二	15	15
初三	13	17

初一、初二、初三学生对音乐课是否有所收获人数呈均势，甚至认为有所收获人数相比认为没有收获的人数偏低，这从之前学生对音乐课的喜爱程度以及课堂表现来看是不成正比的。这说明应该在具体的教学实践中，仍存在一些不尽如人意的地方才导致学生产生这种认知。在认为学习音乐课没有收获的 46 人中，认为书本内容枯燥的人数有 42 人，人数占比 91.3%，认为教师教学不到位的人数有 4 人，人数占比 8.7%。

调查对象的 90 名学生中认为哪种学习方式效果更好，选择听老师讲解的人数有 28 人，人数占比 31.11%；选择同学合作，小组讨论的人数有 54 人，人数占比 60%；选择独自学习，再听老师讲解的人数有 8 人，人数占比 8.89%。初一、初二、初三学生对音乐课所持态度的分布略有差别，基本人数比例分布不变，具体见表 9-9：

表 9-9 学习方式认可比例

年级	听老师讲解	同学合作，小组讨论	独自学习，再听老师讲解
初一	12	16	2
初二	8	19	3
初三	8	19	3

初一、初二、初三学生对音乐学习方法的认知与兴趣喜好以及在课堂上的表现成正比。

（四）学生对教学方式的认可度

调查对象的 90 名学生中，认为学校的音乐欣赏教学方式单一，乐器过于老旧，且数量极少，认为应多引入乐器的人数有 70 人，人数占比 77.78%；认为一般的人数有 20 人，人数占比 22.22%。初一、初二、初三学生对音乐课所持态度的分布略有差别，基本人数比例分布不变，具体见表 9-10：

表 9-10 现状认可分析

年级	音乐欣赏教学方式单一，乐器过于老旧，且数量极少，应多引入乐器	一般	没感觉
初一	27	3	0
初二	25	5	0
初三	18	12	0

调查对象的 90 名学生中，认为学校对音乐课重视的人数有 13 人，人数占比 14.44%；认为一般的人数有 62 人，人数占比 68.89%；认为不重视的人数有 15 人，人数占比 16.67%。有初一、初二、初三学生对音乐课所持态度的分布略有差别，基本人

数比例分布不变，具体见表 9-11：

表 9-11 重视程度分析

年级	重视	一般	不重视
初一	8	22	0
初二	3	22	5
初三	2	18	10

四、存在的问题以及解决办法

（一）存在问题

在现如今的音乐教学下，音乐教育虽然在向前迅速发展着，但其中出现的各种问题却不容我们忽视：教学观念陈旧、教学方法单一、教学设施落后、音乐教师素质不高、学生的音乐素质不高、学生学习音乐的观念偏差、学校对音乐教学不够重视、学习音乐的功利心太重等。

除此之外，许多音乐作品具有美的内容，但在生活中不会经常出现，这使很多学生没有经过艺术的熏染，他们心中缺乏美的“模板”。因此，要如何提高学生的音乐审美能力？怎样才能吸引学生的学习兴趣？这对于所有的音乐教育工作者而言，是十分紧急的任务。

（二）反思与建议

1.加强音乐实践

聆听是音乐欣赏教学的基础，通过聆听，学生能够感受到音乐中的情感，一定程度地理解音乐中的思想与内涵。但是在音乐欣赏教学过程中，仅仅是聆听还是不够的，听只能让学生对音乐有一定的感悟，但并不全面。在聆听中教师也应当多鼓励学生在音乐实践中提高对音乐的感知和认知能力。

音乐教师应积极引导学生参与实践。例如，通过歌唱比赛、文艺展演等方式，让学生走出课本，可以有效的延伸封闭式音乐教学模式，拓展学生的音乐眼界。新课程的关键在于对学生创新能力的培养和德智体美劳的全面发展。这要求以学生为中心，及时更新思想。

2.发挥学生主体性

发挥学生主体性，对学生创造力的发展有着重要意义。轻松的氛围能够极大地提高学生的兴趣，提高其审美能力。

首先，一定要结合音乐内容和音乐意境来创设，让两者完美相融，使学生具有身临其境之感，从而在音乐学习中能够更加专注与投入，激发学生的创造力和想象力，提升其审美情趣。

其次，合理地利用图像。在音乐教学的过程中，结合音乐内涵，使用相契合的图像，可以有效的开拓学生的视野，培养学生的音乐兴趣，提高他们对音乐情感的感知。同时，符合初中生认知规律的图像，也能够很好调动学生的音乐情绪，加深学生对音乐内涵的理解。

最后，音乐教学中，初中音乐老师应对个人的教学观念进行不断更新，而不能一味守旧，在延续优秀的传统教学方式与观念的同时，还应更新音乐教学的方式与观念，通过适宜的方法使学生产生学习音乐的兴趣，促使学生在学习的过程中具有更高的专注度。当学生对某首作品较为熟悉时，此音乐在播放时便能潜移默化地将学生拉入音乐的情景之中，为学生开辟出一条音乐的道路，因此中学教师在开展音乐欣赏课的过程中应该注重将学生引入到音乐情景之中，让学生具有更加强烈的音乐感悟，由此促进教学成效的提升。

3.创造交流平台

音乐感知最基础的是学生的情趣情感体验，要丰富学生情感体验应引导学生由浅至深来感知音乐的情绪情感。

欣赏教学不是“填鸭式”地让学生被动接受教师的观点，而是让学生用自身的思想主动去欣赏与思考，实现学生的审美体验、提升学生的创造力和想象力。通过教师不断地引导，让教学成为一个交流和探索的过程。可以定期开展音乐沙龙活动，在活动中，提高学生情感体验，并相互学习，同时也可以提出个人疑惑，向他人寻求解答，这些都十分有利于提高学生的审美能力和音乐欣赏能力。

参考文献

[1]陈缨.我国声乐民族演唱教学研究[J].北方音乐，2019，39（14）：21-22.

[2]张宇恒.中国声乐艺术民族化的多元内涵探析[J].厦门大学学报（哲学社会科学版），2019，（4）：165-172.

[3]涂江涛.构建高师声乐多元化教学模式[J].黄河之声，2019，（11）：57-58.

[4]江云鹏.少数民族声乐发展的几点思考[J].黄河之声，2019，（11）：19.

[5]毛毳.新课标下的中小学音乐教学民族性研究[J].艺海，2016，（9）：123-125.

[6]樊雪净.民族声乐演唱教学实践研究[J].艺术评鉴，2019，（14）：91-92.

[7]廖红梅.探讨高校民族声乐的表演教学[J].北方音乐，2019，39（14）：178-179.

[8]张声.多元文化下少数民族传统音乐创作的改革探索[J].四川民族学院学报，2019，（4）：89-92.

[9]王阿洋，郎群.关于提升民族音乐经济价值的思考[J].经济师，2019，（8）：249-250.

[10]陈琦.中国传统文化在初中音乐课堂中的渗透探究[J].当代音乐，2019，（8）：70-71.

[11]郭旭.浅论中国民族化音乐在国际传播中的应用[J].黑龙江民族丛刊，2018，（2）：127-132.

[12]夏雷英.民族传统音乐文化的传播发展研究[J].贵州民族研究，2018，39（3）：59-62.

[13]付鹏.新媒体对中国少数民族音乐的影响[J].戏剧之家，2018，（4）：31-34.

[14]李晶.我国音乐的国际传播——评《中国音乐国际传播的历史与现状》[J].新闻与写作，2017，（2）：120.

[15]黄紫薇，何程远.民族音乐文化在中小学音乐教育传承中的新思路[J].黄河之声，2019，（11）：88.

[16]周颖.论民族音乐文化传承与中小学音乐教育[J].戏剧之家，2019，（16）：175.

[17]张旭旭.中小学民族音乐文化传承之我见[J].科教文汇（中旬刊），2019，（2）：144-145.

[18]谭哲，胡丽君.民族音乐传承视角下的中小学音乐教育[J].艺术评鉴，2018，（22）：116-117.

[19]杨璐溶.构建以民族性为基础的中小学学校音乐教育思考[J].黄河之声，2018，（13）：87-88.

[20]韩彦婷，尹爱青.在学校音乐教育中传承民族音乐文化的思考[J].东北师大学报（哲学社会科学版），2018，（4）：241-246.

[21]范彦云.农村小学美育现状及策略研究[J].戏剧之家，2020，（32）：182-183.

[22]王轶.关于小学音乐教育中趣味教学的研究[J].课程教育研究：学法教法研究，2019，（14）：61.

[23]苏瑾，邓红.近十年来我国中小学音乐课堂教学模式研究述评[J].西北成人教育学院学报，2019，（1）：73-78+84.

[24]梅丽.探析小学电子琴集体课之弹奏要点[J].科学咨询（科技·管理），2017，（2）：95-96.

[25]王洁.带上耳朵去“旅行”——小学低段音乐欣赏课教学研究[J].戏剧之家，2021，（19）：182-183.

[26]马旭.试论高中音乐鉴赏教学工作现状及优化策略[J].北方音乐，2020，（5）：173-174.

[27]彭华闯.高中音乐教育现状分析[J].戏剧之家，2016，（10）：176.

[28]桑青.论高中音乐课堂中世界民族音乐教育现状——以太原市为例[J].北方音乐，2019，39（22）：88-89.

[29]邓敏.中小学音乐教育专业钢琴集体课教学模式改革与实践研究[J].文化产业，2021，（21）：128-129.

[30]崔海鹏.关于小学音乐教育中趣味教学的研究[J].天津教育，2020，（9）：147-148.

[31]闫博.高中音乐课堂多元化发展探究[J].黄河之声，2020，（14）：162-163.

[32]李娟.当前幼儿园音乐教育中存在的误区及解决对策[J].考试周刊，2018，（6）：174.

[33]吴贵龙.如何在音乐欣赏教学中培养学生的审美能力[J].黄河之声，2020，（21）：33.

[34]徐新宇.试探初中音乐课堂创新教学的运用[J].中学课程辅导（教师通讯），2021，（13）：69-70.

[35]眭江华.探讨中学音乐教学中如何培养学生的审美能力[J].文理导航（上旬），2017，（5）：97.

[36]成媛.上好音乐欣赏课的几点探索[J].启迪与智慧（教育），2016，（3）：40.

[37]申亮芳.浅谈中职音乐欣赏教育中审美能力的培养[J].新课程（上），2012，（1）：4-5.

[38]唐瑜.在小学音乐教学中渗透心理健康教育的实践与研究[J].世纪之星-小学版，2022，（16）：175-177.

[39]马嘉宝，倪洨.小学音乐课中儿童音乐素养培养教学模式研究[J].戏剧之家，2023，（4）：184-186.

[40]宋赟.小学音乐教育中的欣赏教学与歌唱教学的关系研究[J].当代人，2020，（40）：90-91

[41]王慧.浅谈音乐教学法在小学音乐教育中的实践与研究[J].文渊（小学版），2019，（7）：71.